MARCO POLO

Reisen mit **Insider Tipps**

SÜDAFRIKA

**MARCO POLO Autorin
Dagmar Schumacher**

Dagmar Schumacher lebt seit 1988 in Südafrika und wohnt mit ihrer Familie auf einer Weinfarm in der Nähe von Villiersdorp. Sie schreibt für deutsche Magazine über Tourismus und unternimmt jedes Jahr mehrere Reisen durch das große Land. Besonders fasziniert sie, wie sich Südafrika in den letzten 20 Jahren von einem von der Welt boykottierten Land zu einem beliebten Reiseziel entwickelt hat.

www.marcopolo.de/suedafrika

← **UMSCHLAG VORN: DIE WICHTIGSTEN HIGHLIGHTS**

Die besten Insider-Tipps → S. 4

INSIDER TIPP

Best of ... → S. 6

Kapprovinzen → S. 32

Kapstadt u. Umgebung → S. 48

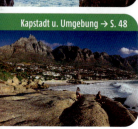

4	**DIE BESTEN INSIDER-TIPPS**
6	**BEST OF ...** ● TOLLE ORTE ZUM NULLTARIF S. 6 ● TYPISCH SÜDAFRIKA S. 7 ● SCHÖN, AUCH WENN ES REGNET S. 8 ● ENTSPANNT ZURÜCKLEHNEN S. 9
10	**AUFTAKT**
16	**IM TREND**
18	**STICHWORTE**
24	**ESSEN & TRINKEN**
28	**EINKAUFEN**
30	**DIE PERFEKTE ROUTE**
32	**KAPPROVINZEN** GEORGE, GRAAFF-REINET, KIMBERLEY, KNYSNA, LANGEBAAN, PORT ELIZABETH
48	**KAPSTADT UND UMGEBUNG** KAPSTADT (CAPE TOWN), BREDASDORP, FRANSCHHOEK, HERMANUS, PAARL, STELLENBOSCH
66	**FREISTAAT** BLOEMFONTEIN

SYMBOLE

INSIDER TIPP Insider-Tipp
★ Highlight
● ● ● ● Best of ...
☼ Schöne Aussicht
☺ Grün & fair: für ökologische oder faire Aspekte
(*) kostenpflichtige Telefonnummer

PREISKATEGORIEN HOTELS

€€€ über 120 Euro
€€   75–120 Euro
€   bis 75 Euro

Die Preise gelten für zwei Personen im Doppelzimmer mit Frühstück pro Nacht

PREISKATEGORIEN RESTAURANTS

€€€ über 20 Euro
€€   15–20 Euro
€   bis 15 Euro

Preise für ein Essen mit Vor-, Haupt- und Nachspeise

Titelthemen: Faszinierendes Farbenspiel in der Unterwelt S. 35 | Golf mit Giraffen S. 101/102

INHALT

Freistaat → S. 66

KWAZULU-NATAL 72
DURBAN, PIETERMARITZBURG

NORDPROVINZEN 80
JOHANNESBURG, PRETORIA

KwaZulu-Natal → S. 72

AUSFLÜGE & TOUREN 94

SPORT & AKTIVITÄTEN 100

MIT KINDERN UNTERWEGS 104

EVENTS, FESTE & MEHR 108

LINKS, BLOGS, APPS & MORE 110

Sport & Aktivitäten → S. 100

PRAKTISCHE HINWEISE 112

SPRACHFÜHRER 118

REISEATLAS 124

REGISTER & IMPRESSUM 138

BLOSS NICHT! 140

Reiseatlas → S. 124

GUT ZU WISSEN
Geschichtstabelle → S. 12
Festival für alle → S. 21
Spezialitäten → S. 26
Diamantentauchen → S. 46
Bücher & Filme → S. 90
Was kostet wie viel? → S. 114
Währungsrechner → S. 115
Wetter in Johannesburg
→ S. 116

KARTEN IM BAND
(126 A1) Seitenzahlen und Koordinaten verweisen auf den Reiseatlas
(O) Ort/Adresse liegt außerhalb des Kartenausschnitts
Es sind auch die Objekte mit Koordinaten versehen, die nicht im Reiseatlas stehen
(U A1) Koordinaten für die Karte von Kapstadt im hinteren Umschlag
Karte von Johannesburg
→ S. 134/135

**UMSCHLAG HINTEN:
FALTKARTE ZUM
HERAUSNEHMEN →**

FALTKARTE
(*A–B 2–3*) verweist auf die herausnehmbare Faltkarte
(*a–b 2–3*) verweist auf die Zusatzkarte auf der Faltkarte

Die besten MARCO POLO Insider-Tipps

Von allen Insider-Tipps finden Sie hier die 15 besten

INSIDER TIPP Der Name sagt alles
Oberhalb des 5 km langen Strands in Wilderness liegt das Boutiquehotel *Views*. Durch viel Glas und eine Innenausstattung in Blau, Weiß und Beige passt es sich perfekt in die Umgebung ein → S. 36

INSIDER TIPP Wie Hemingway
Bei *Melvill & Moon* in Port Elizabeth, dem besten Safariausstatter des Landes, gibt es alles, was Sie für den Besuch in einem Wildpark brauchen → S. 46

INSIDER TIPP Sundowner zum halben Preis
In den Sommermonaten bezahlen Gäste, die zum Sonnenuntergang auf den Tafelberg fahren, nur den halben Preis (Foto re.) → S. 53

INSIDER TIPP Born to be wild
Bei *Harley-Davidson* in Kapstadt können die neuesten Motorräder gemietet werden. Auch Bikertouren durch das Land werden organisiert → S. 103

INSIDER TIPP Ganz nah am Ozean
Im Surferparadies Jeffrey's Bay können Sie im kleinen B & B *Beach House* ein Eckzimmer im ersten Stock mieten, das einen der schönsten Ausblicke auf den Indischen Ozean bietet → S. 47

INSIDER TIPP Einfach und edel
Einer der Topköche Kapstadts, Franck Dangereux, hat das rustikale *Foodbarn Restaurant* im Kapstädter Vorort Noordhoek eröffnet. Die Gerichte sind einfach, aber absolute Spitzenklasse → S. 53

INSIDER TIPP Leben mit Reben
In der Nähe des Weinorts Paarl liegt Gut *Doolhof*. Hier werden nicht nur hervorragende Weine gekeltert, Besucher können auch im Herrenhaus übernachten → S. 63

INSIDER TIPP Kerzen zur Erinnerung
Die *Kapula Gallery* in Bredasdorp verkauft wunderschöne Kerzen mit farbenfrohen afrikanischen Mustern → S. 58

INSIDER TIPP ▸ Party in Egoli

Der Johannesburger Nachtclub *Randlords* ist im 22. Stock eines Bürohauses mitten in der Innenstadt untergebracht: Mit viel Glas und Glitter ist der Laden aktuell *der* Partyspot für die Reichen und Schönen → S. 86

INSIDER TIPP ▸ Essen bei Cleopatra

Lustvolles Speisen: Ein abendliches Menü im *Cleopatra Mountain Farmhouse* in den herrlichen Drakensbergen ist ein rundum gelungenes Ereignis → S. 79

INSIDER TIPP ▸ Kaum zu bremsen

Die Abfahrt vom Tafelberg ist für Mountainbiker eine Herausforderung: 90 Prozent der Strecke geht es bergab → S. 101

INSIDER TIPP ▸ Golf spielen in freier Wildbahn

Auf dem *Hans Merensky Golf Course* werden die Spieler von Elefanten und Giraffen in ihrer natürlichen Umgebung beobachtet → S. 102

INSIDER TIPP ▸ Malariafrei in den Busch

Der staatliche Nationalpark *Madikwe Game Reserve*, im Norden der Nordwestprovinz an der Grenze zu Botswana gelegen, hat nicht nur diesen Vorteil: Es ist auch nicht allzu voll. Tagesbesucher sind hier nicht erlaubt, die Zahl der Gäste im riesigen Reservat ist auf 300 beschränkt (Foto li.) → S. 93

INSIDER TIPP ▸ Im alten E-Werk

Das alte Elektrizitätswerk an der Knysna Lagune wurde zu einem hippen Hotel umgewandelt. Das Ergebnis heißt *Turbine Hotel* und ist eine Mischung aus Industriedesign und Kunst – das Haus wurde um die alten Maschinen, die inzwischen unter Denkmalschutz stehen, herumgebaut → S. 42

INSIDER TIPP ▸ Easy in Johannesburg

Das *easyHotel* ist ein supermodernes und preiswertes Hotel im Johannesburger Vorort Braamfontein, der gerade ein Revival erlebt → S. 86

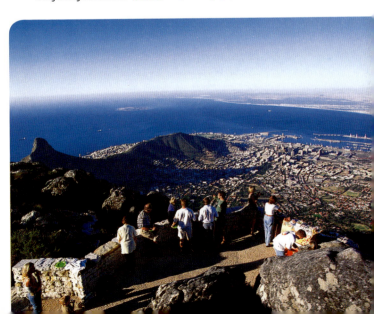

BEST OF ...

TOLLE ORTE ZUM NULLTARIF
Neues entdecken und den Geldbeutel schonen

SPAREN

● *Glitzernde Diamanten*
Das *Big Hole and Kimberley Mine Museum* dokumentiert die aufregende Zeit des Diamantenrauschs, im Gegensatz zum Big Hole ist das Museum gratis. In einem besonders gesicherten Raum, dem *Diamond Vault*, sind mehrere Tausend echte Diamanten zu besichtigen → S. 38

● *Riesen der Ozeane*
Der kleine Küstenort *Hermanus* ist berühmt, weil man Wale hier vom Land aus beobachten kann. Jedes Jahr zwischen Juni und Dezember kommen einige Hundert der Meeresriesen aus der Antarktis in die Bucht – ein Schauspiel der Extraklasse, das nichts kostet (Foto) → S. 61

● *Zu Fuß auf den Tafelberg*
Faszinierende Pflanzenwelt und atemberaubende Aussichten – die *Platteklip Gorge*, eine der beliebtesten Wanderrouten auf den Tafelberg, ist ein einzigartiges Erlebnis. Positiver Nebeneffekt der dreistündigen Tour: Sie sparen das Geld für die Seilbahnfahrt → S. 53

● *Kunst ohne Kosten*
Die *Tatham Art Gallery* in Pietermaritzburg ist eines der besten Museen für zeitgenössische südafrikanische und internationale Kunst. Der Eintritt ist kostenlos, und am Mittwochnachmittag gibt es außerdem noch ein Konzert → S. 78

● *Wanderung in Bloemfontein*
Eine Wanderung durchs *Franklin Game Reserve* führt nicht nur durch die Flora der Region, sondern auch an wilden Tieren wie Giraffen und verschiedenen Böcken vorbei – kostenlos → S. 103

● *Flora und Fauna zum Nulltarif*
Ein Paradies für Pflanzenliebhaber ist der *Garden Route Botanical Garden*. Auf 12 ha wachsen viele einheimische Gewächse, und auf Schildern stehen interessante Informationen. Die wissenschaftliche Arbeit ist das wichtigste für den Betreiber, deshalb wird kein Eintritt verlangt → S. 34

●●●● Diese Punkte zeichnen in den folgenden Kapiteln die Best-of-Hinweise aus

TYPISCH SÜDAFRIKA
Das erleben Sie nur hier

● *Volkssport Golf*
In Südafrika ist Golf kein Luxussport. Da Platz kein Problem ist, haben selbst kleine Orte zumindest einen 9-Loch-Platz. Auf angemessene Kleidung wird – außer in den eleganten Clubs der Großstädte – kein Wert gelegt. Die größte Golfplatzdichte finden Sie in George an der Garden Route, besonders schön ist die Anlage *Fancourt* → S. 35

● *Die perfekte Welle*
Für Surfer ist der kleine Ort *Jeffrey's Bay* in der Nähe von Port Elizabeth der beste Spot auf dem afrikanischen Kontinent. Dort erleben sie die „Super Tube", eine perfekte Welle (Foto) → S. 47

● *Besonderes Federvieh*
Südafrikaner lieben Fleisch, am liebsten große Steaks auf einem Grill. Aber auch hier wird auf die Gesundheit geachtet. Wie gut, dass in Oudtshoorn Strauße gezüchtet werden – zum Beipiel auf der *Cango Ostrich Farm*. Deren Fleisch kann man auch in größeren Mengen und ohne Reue essen, es gilt als fett- und cholesterinarm → S. 36

● *Panoramaplatz für den Sonnenuntergang*
Einen wunderschönen Platz für den im Land so beliebten Sundowner finden Sie oben auf dem *Franschhoek Pass*. Bei einem guten Glas Wein aus der Region haben Sie hier eine herrliche Aussicht über das Tal bis fast nach Kapstadt → S. 59

● *Wie es früher war*
Im *Basotho Cultural Village* im Freistaat erfahren Sie aus erster Hand, wie der Stamm der Basotho seit Jahrhunderten lebt. Die Berge zwischen Südafrika und Lesotho sind ihre Heimat. Besucher treffen den *Chief*, können das selbst gebraute Bier probieren und einen traditionellen Heiler besuchen → S. 69

● *Unter Bäumen*
Die *Dorp Street* in Stellenbosch ist ein typisches Beispiel dafür, wie Südafrikaner in den ersten Jahrzehnten nach der Besiedlung des Kaps lebten. Für Studenten sind die unter Denkmalschutz stehenden Eichen besonders wichtig, denn nur, wem eine Eichel auf dem Kopf fällt, der besteht sein Examen, so der Aberglaube → S. 64

BEST OF ...

SCHÖN, AUCH WENN ES REGNET
Aktivitäten, die Laune machen

● *Shoppen bis zum Umfallen*
Die *Victoria & Alfred Waterfront* in Kapstadt wird von mehr Menschen besucht als der Tafelberg oder die Pyramiden in Ägypten. Direkt am Hafen erstreckt sich dieses Kaufparadies über mehrere Gebäude (Foto) → S. 53

● *Long Street Swimming Pool*
Auch bei schlechtem Wetter müssen Sie in Kapstadt nicht auf den Sprung ins Wasser verzichten: im historischen Schwimmbad in der Long Street → S. 52

● *Zurück zu den Anfängen*
Das *Castle of Good Hope* ist das älteste Gebäude in ganz Südafrika. Heute sind hier mehrere interessante Museen beheimatet, die alte Gemälde und Dokumente aus der Kapregion zeigen → S. 50

● *Ein guter Tropfen*
Eine Weinprobe ist immer ein angenehmer Zeitvertreib, wenn es regnet. Nur 20 Minuten von Kapstadt verläuft die Constantia Wine Route mit einigen Farmen, u. a. *Groot Constantia*, die sehr gute Weine produzieren → S. 51

● *Wiege der Menschheit*
40 km von Johannesburg entfernt befindet sich die *Cradle of Humankind*, ein System von Sandsteinhöhlen, in dem Millionen Jahre alte, versteinerte Überreste unserer Vorfahren gefunden wurden. Im Maropeng Visitor Centre wird mit interaktiven Displays die Geschichte erklärt → S. 86

● *Franschhoek Motor Museum*
Über 100 Jahre Automobilgeschichte gibt es auf dem Weingut L'Ormarins zu sehen. Mehr als 200 Autos und Motorräder machen die Sammlung in Südafrika einmalig → S. 59

REGEN

ENTSPANNT ZURÜCKLEHNEN
Durchatmen, genießen und verwöhnen lassen

● *In den Bergen*
Wer Einsamkeit und Entspannung außerhalb der Stadt sucht, der wird das bei einem Besuch der *Homtini Guest Farm* in den Outeniqua-Bergen in der Nähe von Knysna finden. Verwöhnen Sie Körper und Geist bei einer Aromatherapie-Massage, oder lassen Sie die Seele bei einem Picknick in freier Natur baumeln → S. 42

● *Entspannung auch in der Großstadt*
Das *One & Only Hotel* ist ein Resort mit vielseitigem Wellnessangebot mitten in Kapstadt an der Waterfront. Das Haus ist wie ein Wall gebaut, der die Gäste vor dem Großstadtleben schützt. Es wird besonderer Wert auf Produkte aus afrikanischen Pflanzen gelegt → S. 55

● *Thai-Massage kapholländisch*
Das besondere Wellnessgefühl im Spa des historischen *Vineyard Hotels* im Kapstädter Vorort Newlands: Physiotherapeutinnen aus Thailand beleben mit besonderen Behandlungen Körper und Seele → S. 56

● *Über dem Wasser*
Wasser hat eine therapeutische Bedeutung. Das haben sich sicher die Architekten des *Moyo uShaka* in Durban gedacht. Ganz am Ende eines nicht mehr benutzten Piers haben sie eine moderne Bar gebaut, ideal für ein Glas Sekt bei Sonnenuntergang (Foto) → S. 75

● *Wellness mit Tradition*
Das *Fordoun Hotel & Spa* in KwaZulu-Natal ist ein ganz besonderer Ort. Besitzer John hat mit dem afrikanischen Heiler Dr. Elliot Ndlovu Behandlungen und Produkte entwickelt, die nach traditionellen Rezepten aus einheimischen Heilpflanzen hergestellt werden → S. 78

● *Füße im Sand*
Sonne, Sand und Meer, dazu einen Cocktail und viel gute Laune, das bietet das Strandrestaurant *Grand Café & Beach* in Kapstadt gleich neben der Waterfront. Hippe Liegen, elegante Sofas, eine Beach Bar und schicke Boote im Ozean davor machen das Bild komplett → S. 53

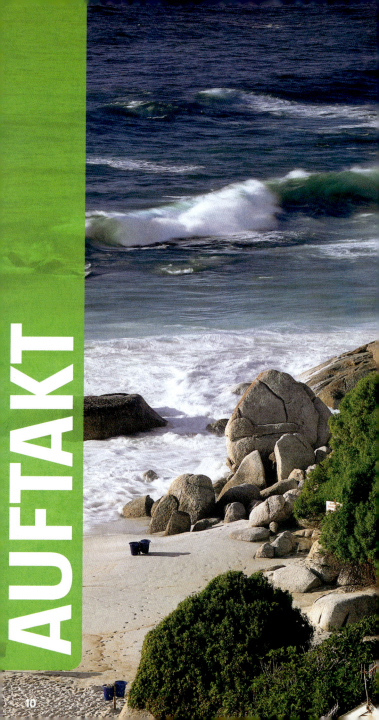

ENTDECKEN SIE SÜD-AFRIKA!

Südafrika ist ein Reiseland, das Besuchern vieles bietet: Spaziergänge an den endlosen Stränden des Indischen Ozeans oder Wanderungen an der Küste der Garden Route, Ballonfahrten über die Steppe oder den Besuch in einem der vielen Wildparks, Tauchen mit Haien oder Walbeobachtungen aus nächster Nähe. Das Land ist riesig. Allein zwischen Johannesburg und Kapstadt beträgt die Entfernung ungefähr 1600 km. Dazwischen liegt die Inlandsteppe Karoo. Die Küste erstreckt sich über 3000 km entlang des Atlantiks und des Indischen Ozeans.

Sie können in Luxuszügen oder auf dem Motorrad von Norden nach Süden durch das Land reisen, am besten aber doch mit einem Auto über die sehr guten Straßen. Auf der Fahrt kommen Sie an riesigen Schaffarmen vorbei. Immer mehr Landwirte öffnen ihre Häuser für Touristen. Es ist ein Erlebnis, die Gastfreundschaft der überwiegend burischen Farmerfamilien kennenzulernen. An der Strecke liegt Kimberley, wo in der zweiten Hälfte des 19. Jhs. der größte Diamantenrausch aller Zeiten stattfand. In den Wild- und Naturparks gibt es eine unglaubliche Artenvielfalt, und besonders

Bild: Strand am Westkap

Leuchtende Farben im Angebot: Kunsthandwerk, das auf einem Markt in Kapstadt angeboten wird

der Besuch des Kruger National Parks ist unvergesslich. Er gehört zu den größten Wildschutzgebieten der Welt. Das sonnige, aber gemäßigte Klima macht den Südzipfel Afrikas das ganze Jahr über zu einem idealen Reiseland. Für Besucher aus der nördlichen Hemisphäre sind die Monate Oktober bis April besonders verlockend, denn wenn dort die Tage kürzer werden, Kälte und Dunkelheit die Stimmung dämpfen, beginnt im Süden Afrikas der Sommer. Wer nach der langen Fahrt von Johannesburg nach Kapstadt auf der Höhe der letzten Bergkette steht, die das Kap gewissermaßen vom Landesin-

> **Der Besuch des Kruger National Parks ist unvergesslich**

100 v. Chr.
Die Khoisan-Stämme wandern aus Zentralafrika in den Süden des Kontinents ein

600 n. Chr.
Die ersten Bantustämme lassen sich an der Ostküste Südafrikas nieder

1488
Bartolomëu Diaz umsegelt das Kap der Guten Hoffnung

1652
Erste weiße Siedler unter Jan van Riebeeck gründen eine Versorgungsstation am Kap

1658
Ankunft von asiatischen und afrikanischen Sklaven

AUFTAKT

nern abschirmt, muss glauben, den Garten Eden erreicht zu haben: So weit das Auge reicht erstrecken sich Wein- und Obstanbaugebiete sowie Getreidefelder, die im Winter sattgrün leuchten. In der Ferne am Meer liegt Kapstadt – klar erkennbar das Wahrzeichen, der Tafelberg. Erlesene Weine werden Ihnen auf Weingütern in einer Landschaft wie aus dem Bilderbuch angeboten. Entlang der Atlantikküste nach Namibia ist die Natur noch vielfach unberührt. Das Blumenparadies Namaqualand verwandelt sich von August bis Oktober in ein Blumenmeer. Je weiter Sie von Kapstadt entlang des Indischen Ozeans gen Norden kommen, desto wärmer wird das Wasser. Den ersten Teil der Strecke bildet die berühmte *Garden Route* mit Knysna und Plettenberg Bay. Südafrikas unterschiedliche Kulturen begegnen Ihnen besonders in den großen Städten. Durban ist die Metropole von KwaZulu-Natal, dem Gebiet der Zulus, dem stolzesten und größten Stamm Südafrikas. Aber auch die meisten südafrikanischen Inder, die etwa 20 Prozent der Einwohner der Stadt stellen, prägen des Straßenbild. Der Ferienort ist wegen seines tropischen Klimas sehr beliebt. Vom Trubel nicht allzu weit entfernt liegen das Tal der Tausend Hügel in wahrhaft ergreifender Schönheit und die Drakensberge mit dem höchsten Berg Mont aux Sources (3299 m). Ein grandioses Panorama erwartet Sie im Royal Natal National Park. Besonders schön sind die Strände zwischen Mtubatuba und der Grenze zu Mosambik. Im Kontrast zu dem immergrünen, vom Regen verwöhnten KwaZulu-Natal steht der Freistaat. Hier – wie auch in

> **Eine Landschaft wie aus dem Bilderbuch**

1688 Ankunft der Hugenotten aus Frankreich

1795 Englische Besetzung des Kaps

1814 Burenrebellion gegen die britische Verwaltung

1815 Shaka wird König der Zulu

1835 Die Buren beginnen den großen Treck nach Norden

1838 Schlacht zwischen Buren und Zulu am Blutfluss

1867 Der erste Diamantenfund

den Nordprovinzen – regnet es nur im Sommer, dann sieht das Land saftig grün aus. Im Winter wirkt es ziemlich trostlos: braun, trocken und staubig. Allerdings ist eben dann auch der afrikanische Eindruck am stärksten. Tagsüber scheint die Sonne vom blauen Himmel, abends können die Temperaturen um bis zu 20 Grad sinken – in Gefrierpunktnähe oder sogar darunter.

Die größten Städte Tshwane und Johannesburg werden wohl eines Tages zusammenwachsen, aber sie könnten nicht unterschiedlicher sein. Johannesburg ist die glitzernde und schnelle Finanzmetropole, Tshwane ruhig und beschaulich, eine Beamtenstadt. Wie in allen Städten und Dörfern erinnern auch hier die Townships, Slums am Rand der reichen (früher nur weißen) Wohngebiete, an die Jahrzehnte der Apartheid. Viele der Hütten haben seit 1994 Wasser und Strom bekommen. Außerdem baut die Regierung, die für dieses Programm von der Uno ausgezeichnet wurde, jedes Jahr Tausende neuer Häuser für die Armen.

In Kapstadt hat die europäische Besiedlung begonnen

In Kapstadt, das die Südafrikaner liebevoll *Mothercity* (Mutterstadt) nennen, hat die europäische Besiedlung begonnen: Als der portugiesische Seefahrer Bartholomëu Diaz Ende des 15. Jhs. ans „Kap der Stürme" kam, lebten hier „Hottentotten" und „Buschmänner", die heute politisch korrekt Khoisan-Völker genannt werden. Die ersten Siedler in der Region um Kapstadt waren die Buren aus Holland und Deutschland. Ab 1688 kamen die wegen ihres Glaubens aus Frankreich vertriebenen Hugenotten. Sie begründeten die südafrikanische Weintradition. Als die Engländer, begierig, ihr Kolonialreich auszudehnen, ans Kap kamen und eine – vergleichsweise – liberale Menschenrechtspolitik einführten, suchten viele Buren 1835 im Landesinnern Raum. Nach einem erbitterten „Freiheitskrieg" – so die Buren bis heute – erklärte Großbritannien 1899 den Kapstaat zur Kronkolonie. Bis Anfang des 20. Jhs. bekämpften sich die Briten und Buren in schrecklichen Kriegen. 1910 wurde dann die Südafrikanische Union gegründet. Ab 1948 geriet das Land ins internationale Abseits. Zunehmend beunruhigt verfolgte die Welt die Einführung der Apartheid. Es war ein Weg in die Sackgasse, aus der erst Frederik Willem de Klerk, der 1989 die Regierung übernahm, das Land wieder herausführte. Er entließ den Freiheitskämpfer Nelson Mandela nach fast 30 Jahren Haft, setzte alle Apartheidgesetze außer Kraft

1886	1910	1948	1960	1961	1976
Gründung der Stadt Johannesburg	Zusammenschluss der britischen Kolonien und der Burenrepubliken zur Südafrikanischen Union	Beginn der Apartheid	Widerstand gegen die Passgesetze, 60 Tote in Sharpeville	Austritt aus dem Commonwealth	Schülerunruhen in Soweto

AUFTAKT

Afrikanisches Idyll, so wirkt es zumindest auf Touristen – Rundhüttendorf der Xhosa

und schaffte damit die Voraussetzungen für eine friedliche, demokratische Lösung. Nach den ersten freien Wahlen 1994 wurde Mandela Staatspräsident. Südafrika wird seitdem auch das Land des Regenbogens genannt, denn es besitzt ein unvergleichlich farbiges Spektrum von Kulturen und Religionen. Südafrika hat elf offizielle Landessprachen, die der Bevölkerungsgruppen Zulu, Xhosa, Afrikaans, Northern Sotho, Sesotho, Tswana, Tsonga, Swati, Ndebele, Venda und Englisch, das heute die *Lingua franca* ist und vor allem in Großstädten gesprochen wird. Es gibt zwei politische Hauptstädte: Pretoria, heute Stadtteil der Gemeinde Tshwane, ist Regierungssitz, und in Kapstadt tagt das Parlament.

> **Südafrika, das Land des Regenbogens**

Südafrika wirbt mit dem Slogan „Eine Welt in einem Land" – und es gibt eigentlich keinen Besucher, der dem nicht zustimmt.

1990 Nelson Mandela kommt frei

1994 Erste freie, demokratische Wahlen. Mandela wird Präsident

2001 Die Wahrheits- und Versöhnungskommission legt ihren Bericht vor

2009 Jacob Zuma wird der vierte Präsident Südafrikas nach der Apartheid

2010 In Südafrika findet die erste Fußball-WM in Afrika statt

5. Dez. 2013 Nelson Mandela stirbt 95-jährig in Johannesburg

IM TREND

1 Ethno-Fantastic

Local Design in Jo'burg Eine echte Meisterin des Schneiderns ist Nkhensani mit ihrem Label *Stoned Cherrie (54 Siemert Road)*. Die Designerin beweist, dass Afrika nicht gleichbedeutend ist mit Ethnomode *(Foto)*. Auch *Sun Goddess (Nelson Mandela Square)* vermischt ethnische Einflüsse mit modernen Schnitttechniken und Materialien. Bei *Black Coffee (im Bamboo Centre | 9th Av.)* wird traditionelle Stammeskleidung mit modernen Einflüssen gepaart. Klingt gewagt und ist preisgekrönt.

Auf der Leinwand

2

Kunst Als eigenwillig und auffallend lässt sich die Kunstszene des Landes beschreiben. William Kentridge ist der erfolgreichste Künstler des Landes; seine Werke erzielen auch international hohe Preise. Norman Catherine überrascht mit seinen Holzskulpturen *(Foto)*, und Willie Bester mit Bildern, die das Leben im Township darstellen. Zeitgenössische Kunst aus dem Land zeigt die *Everard Read Gallery (www.everard-read-capetown.co.za)* in Kapstadt, die kürzlichen ihren 100. Geburtstag feierte.

3 Coffeelicious

Zum Wohlfühlen Einen guten Kaffee wirklich zu genießen, liegt auch in Südafrika im Trend. Im *Coffee Cats (Willowfield Road)* in Durban gibt es zudem noch leckere Pies. Die *Book Lounge (71 Roeland Street)* in Kapstadt hält was sie verspricht: Hier gibt's dicke Schmöker und die besten Milkshakes der Stadt in äußerst entspannter Atmosphäre. Das *Nzolo Brand Café (48 Church Street | Kapstadt)* ist bunt-gemütlich und typisch afrikanisch. Perfekt zum Leutegucken und um die ursprüngliche Landesküche zu probieren.

In Südafrika gibt es viel Neues zu entdecken. Das Spannendste auf dieser Seite

Am Abgrund

Kloofing Badehose, Bergschuhe, Helm und Sonnenschutz. Das ist die Grundausrüstung für Kloofer. Gesichert mit Gurt und Seil klettern sie die Schluchten zum kühlen Nass hinunter, um dann dem Flusslauf zu folgen – über Wasserfälle und Co. Der Favorit unter den Kloofs, so der südafrikanische Ausdruck für eine Schlucht, ist der *Kamikaze Canyon*. Wer sich vom Namen nicht abschrecken lässt, besucht das *Ashanti* in Kapstadt. In dem Hostel ist auch das *Ashanti Travel Centre (11 Hof Street | www.ashanti.co.za)* zu Hause, das Touren in den Canyon organisiert. Ein weiterer guter Ansprechpartner ist *Abseilafrica (www.abseilafrica.co.za) (Foto)* in Kapstadts Long Street. Wer lieber ein Wahrzeichen erklimmt, besteigt mit *Downhill Adventures (Overbeek Building | Orange Street | Kapstadt | www.downhilladventures.com)* den Tafelberg.

Let me entertain you

Live und lustig Kabarett und Comedyclubs, Livebühnen und Musikabende. In Südafrika wird Unterhaltung groß geschrieben. Erste Anlaufstelle in Kapstadt ist der *Jou Ma Se-Comedy Club*, der an wechselnden Locations gastiert. Auf der Bühne steht fast jede Nacht ein anderer Comedian, oft auch Clubgründer Kurt Schoonraad selbst *(www.kurt.co.za)*. Eine feste Adresse und Größe in Kapstadt ist das *On Broadway (44 Long Street)* mit seinen Kabarett-Shows samt Abendessen *(Foto)*. In Johannesburg ist das *Bassline (10 Henry Nxumalo Street)* die angesagteste Musiklocation. In Bloemfontein geht man dazu in den coolsten Pub des Orts. Im *Die Mystic Boer (84 Kellner Street)* wird gejammt und gefeiert.

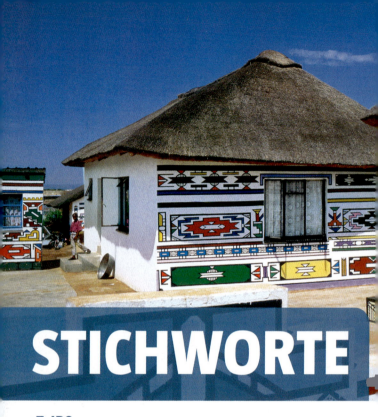

STICHWORTE

AIDS
Die Zahl der Aidskranken im südlichen Afrika ist weiterhin hoch. In Südafrika sind 18 Prozent der Erwachsenen HIV-positiv. Die Prognose der durchschnittlichen Lebenserwartung liegt bei nur 59 Jahren. Es gibt fast zwei Millionen Aidswaisen. Aber es gibt auch Hoffnung: Die ANC-Regierung hat HIV verstärkt den Kampf angesagt.

APARTHEID
Das Wort kommt aus der Sprache Afrikaans und bezeichnet die gesetzliche Trennung und ungleiche Rechtsstellung von Menschen wegen ihrer Hautfarbe. Mit dieser Rassendoktrin versuchten die Weißen, ihre Macht zu sichern, und enthielten der zahlenmäßig stärkeren schwarzen Bevölkerung gleiche Rechte vor. Der 1912 gegründete African National Congress (ANC) hat die Herrschaft der weißen Minderheit jahrzehntelang bekämpft. Heute bildet er die stärkste Partei des Landes.

BEVÖLKERUNG
Südafrika hat ca. 53 Mio. Einwohner, davon sind 77 Prozent schwarz, 11 Prozent weiß, 9 Prozent farbig und 3 Prozent indischer Abstammung. Dazu kommen geschätzte 4 Mio. Simbabwer, die illegal aus dem Nachbarland eingewandert sind. Elf offizielle Sprachen werden gesprochen. Die frühesten Bewohnern des Landes waren die Khoisan-Stämme. Dazu gehörten die Khoikhoi, die völlig ausgerottet wurden, und die San. Die wenigen

Bild: Häuser der Ndebele

Zaubermittel und moderne Kunst: Einige Eigenheiten und Begriffe, die Ihnen helfen, Südafrika kennen- und verstehenzulernen

Nachfahren dieses Nomadenvolks leben heute wie ihre Urahnen in der Kalahari bzw. am Rand der Wüste. Höhlenmalereien zeugen von ihrer Geschichte. Die angestammte Heimat der Zulu ist das Königreich Zululand in KwaZulu-Natal. Die Xhosa-Stämme sind seit dem 15. Jh. in der Gegend von Mthatha im Ostkap nachgewiesen.

Afrikaaner heißen die Nachfahren holländischer und deutscher Siedler. Sie sprechen Afrikaans, eine Mischung aus Holländisch und Deutsch mit leichten französischen und malaiischen Anklängen. Die kleinste Bevölkerungsgruppe stellen die Inder. Sie sind überwiegend in KwaZulu-Natal zu Hause. Ihre Vorfahren kamen Mitte des 19. Jhs. für die Arbeit auf den Zuckerplantagen nach Südafrika.

BLACK ECONOMIC EMPOWERMENT

Schwarze Beteiligung an der noch immer überwiegend von Weißen gelenkten Wirtschaft Südafrikas ist eines der großen Ziele der Regierung. Gemäß BEE werden größere und kleinere Firmen aufgefordert, Südafrikaner nicht-weißer Hautfarbe in den Vorstand oder auch als Partner an Bord zu nehmen. Obwohl BEE nicht gesetzlich erzwungen werden kann, sind viele Firmen dazu bereit. Sicherlich auch, weil sie sonst keine Geschäfte mit der Regierung machen können.

HOMELAND

Die Einrichtung der Homelands war während der Apartheid der Versuch der Regierung, zehn unabhängige Staaten für die schwarze Bevölkerung zu gründen

Ein Kunstwerk: die Zuckerprotea aus dem „Blumenkönigreich" des Westkaps

FLORA

Durch die verschiedenen Klimazonen in den Regionen gibt es einen üppigen Pflanzenreichtum mit knapp 23 000 Arten von Blütenpflanzen. Allein von der Nationalblume, der Protea, sind 400 Arten bekannt. Die Blumenpracht können Sie in den zahlreichen botanischen und Wildblumengärten des Landes bewundern. Der eindrucksvollste ist Kirstenbosch in Kapstadt *(www.sanbi.org/gardens/kirstenbosch)*. Auf der Welt gibt es sechs sogenannte Blumenkönigreiche, in denen alle Mitglieder einer Pflanzenfamilie innerhalb der Grenzen eines Landes wachsen. Eines dieser Königreiche ist das Westkap, wo alle 6552 Arten der Fynbos-Familie gedeihen. Dazu gehören die Protea ebenso wie die Erika.

und das übrige Land für Weiße freizuhalten. Homelands entstanden in den historischen Siedlungsgebieten der schwarzen Völker. Auf nur 13 Prozent der Landesfläche mussten 80 Prozent der Einwohner leben. Das Elend war groß. Heute gehören diese Gebiete wieder zu Südafrika, aber es wird dauern, bis das Erbe der Apartheid nicht mehr spürbar ist.

KUNST

Die ältesten Kunstwerke sind Höhlenzeichnungen der San, die zum Teil vor Tausenden von Jahren entstanden. Mit den Europäern kam auch deren Kunst. Der berühmteste Landschaftsmaler, europäischer Abstammung, Jan Hendrik

STICHWORTE

Pierneef, lebte Anfang des 19. Jhs. Seine Bilder erzielen bei Auktionen Höchstpreise. Irma Stern zählt ebenfalls zu den herausragenden Künstlern des Landes. Die deutschstämmige Malerin ließ sich in den 1920er-Jahren in Kapstadt nieder; ihr ist ein Museum gewidmet.

So vielfältig wie die Bevölkerung präsentiert sich auch die Kunst seit dem Ende der Apartheid. Der zeitgenössische Maler, der die höchsten Preise, auch international, erzielt, ist William Kentridge. Inzwischen haben sich aber auch etliche schwarze und farbige Künstler einen Namen gemacht. Das Leben der armen Bevölkerung in den riesigen Townships wird in den Arbeiten von Willie Bester und Vusi Khumalo thematisiert. Beide Künstler sind auch in Europa und Amerika erfolgreich.

NELSON MANDELA

Nach 27 Jahren in Gefängnissen wurde der damals über 70-jährige Nelson Mandela 1990 in die Freiheit entlassen. Er war in den Jahren der Apartheid die Ikone der Freiheitsbewegung ANC. Unter seiner Führung schaffte Südafrika den friedlichen Wandel von einem Unrechtssystem zu einer Demokratie.

1993 erhielt Mandela zusammen mit dem letzten weißen Präsidenten des Landes, Frederik Willem de Klerk, den Friedensnobelpreis. Von 1994 bis 1999 war er Präsident des Landes, von allen Südafrikanern demokratisch gewählt. Nach einer Amtszeit zog er sich aus der Politik zurück. Sein Tod am 5. Dezember 2013 löste eine Welle der Betroffenheit aus – quer durch alle politischen Lager, Religionen und Ethnien.

SICHERHEIT

Immer wieder hören Touristen Schreckensmeldungen über die Kriminalität in Südafrika, besonders aus den Großstädten. Dabei hat die Polizei in den letzten Jahren durch drastische Maßnahmen das Problem ziemlich gut in den Griff bekommen – in Kapstadt und Johannesburg wird zum Beispiel die Innenstadt mit Kameras überwacht. Wer sich an die

FESTIVAL FÜR ALLE

Inspiriert vom *Burning Man Festival* in Nevada/USA haben einige junge Leute vor ein paar Jahren das *AfrikaBurn Festival* ins Leben gerufen. Es findet in der Woche um den 1. Mai in Tankwa in der Halbwüste Karoo statt, also eigentich in der Mitte von Nirgendwo. Das Festival ist eine Mischung aus Kunst, kreativer Gestaltung, Verkleidung, Aufführungen und Musik. Aber das ist nicht alles; das Happening kann nur stattfinden, weil jeder Besucher sich aktiv beteiligt. Die zentralen Prinzipien sind gemeinsame Leistung und Verantwortung sowie die Möglichkeit, sich in jeder beliebigen Form auszudrücken oder darzustellen. Die Kreativität ist unglaublich. Die geschaffenen Kunstwerke werden am Ende alle verbrannt – es wird nichts verkauft, es gibt keine Händler, keine Werbung, kein Branding. Jeder teilt mit jedem. Zehntausende Menschen, gleich welchen Alters oder aus welcher Bevölkerungsgruppe, mittlerweile auch aus aller Welt, kommen jedes Jahr, um einige Tage ohne soziale Zwänge einfach Spaß zu haben und glücklich zu sein.
www.afrikaburn.com

Regeln hält, die auch für andere Länder mit großem Wohlstandsgefälle gelten, hat wenig zu befürchten. Wichtig ist: Kameras und Schmuck nie auffällig tragen, Vorsicht an Geldautomaten. Und auf keinen Fall abends zu einem Spaziergang durch einsame Straßen aufbrechen. Aus Sicherheitsgründen ist es erlaubt, nachts auf verkehrsarmen Straßen bei Rot über die Kreuzung zu fahren.

SPORT

Südafrikaner lieben Sport – aktiv und passiv. Es wird gejoggt oder geschwommen, und man fährt mit dem Rad. Sport wird auch an den Schulen groß geschrieben, und fast alle Jungs spielen Rugby und Kricket (und seit der WM im eigenen Land mehr und mehr Fußball), die Mädchen bevorzugen Hockey oder Volleyball.

Wenn eine der südafrikanischen Nationalmannschaften – ganz gleich in welcher Sportart – international erfolgreich ist, steht das Land geschlossen hinter ihr. Dass Sport vereint, hatte schon Nelson Mandela erkannt. Er holte in den 1990er-Jahren die Rugby-Weltmeisterschaft nach Südafrika und unterstützte das Team des bis dahin hauptsächlich „weißen" Sports. Unvergesslich für alle Südafrikaner ist der bewegende Moment, als Mandela im Mannschaftstrikot dem Team-Kapitän den Siegerpokal überreichte. Für die Einheit Südafrikas hat dieses Sportereignis mehr bewirkt als viele politische Aktionen. Dieses Gefühl der Gemeinsamkeit hatten die Menschen auch wieder bei der erfolgreichen Fußballweltmeisterschaft 2010.

STÄDTENAMEN

Gleich zu Beginn des neuen Südafrika wurden Provinznamen geändert, z. B. wurde aus Transvaal Gauteng. Jetzt geschieht das auch bei einigen Städtenamen: Pietersburg heißt heute Polokwane. Auf Verkehrsschildern erscheinen im Moment noch alte und neue Namen nebeneinander. In den Städten wurde damit begonnen, die Straßen umzubenennen, besonders in Durban.

TOWNSHIP

Das ist die Bezeichnung für die Vorstädte. In der Zeit der Apartheid wurden die Wohngebiete nach Hautfarbe der Bewohner getrennt. Es gab weiße, farbige, indische und schwarze Stadtteile, wenngleich sich gerade in den Großstädten die Grenzen zunehmend verwischten. Township werden heute nur noch die vielfach riesigen Vororte genannt, in denen die armen Südafrikaner leben.

WILDLIFE

In den südafrikanischen Wildparks herrscht eine Artenvielfalt wie sonst kaum auf der Welt. In den staatlichen Parks können Besucher im eigenen (geschlossenen!) Wagen fahren. Im offenen Geländewagen geht es hingegen durch die privaten Reservate, begleitet von einem kundigen Ranger. Das ist natürlich eine bessere Voraussetzung, um Tiere hautnah zu erleben. Abgesehen davon, dass die Unterbringung in privaten Parks in den meisten Fällen anspruchsvoller ist, sind die hohen Preise auch gerechtfertigt, weil es sehr teuer ist, privat Naturschutz zu leisten.

Der größte und schönste Park ist der Kruger National Park. Hier leben die *Big Five* (Elefant, Löwe, Büffel, Leopard und Nashorn) in großer Zahl; besonders die Büffelherden sind riesig. Man hat gute Chancen, sogar Leoparden zu sehen. Das gilt erst recht für die privaten Parks, die seit einigen Jahren nicht mehr nur am Rand des Kruger National Parks liegen, sondern auch im Innern. Teilweise sind es Gebiete, die nach dem Ende der Apart-

heid an einzelne Stämme zurückgegeben wurden, nachdem man diese ursprünglich enteignet hatte, um den Park zu vergrößern.
Südafrika war in Sachen Naturschutz schon immer vorbildlich, jetzt ist er sogar Teil der neuen Verfassung. In den letzten Jahren wurden die *Transfrontier* fangen, wovon 90 Prozent ins Ausland verkauft werden. Der Tourismus ist der drittgrößte Devisenbringer. In den letzten zwei Jahrzehnten sind sowohl die Investitionen wie auch die Gewinne stetig gestiegen. Viele Tausend Ausbildungs- und Arbeitsplätze wurden geschaffen. Seit einigen Jahren hat sich in Kapstadt eine

Auf der Pirsch: im offenen Geländewagen mitten in der Wildnis

Parks eingerichtet, die länderübergreifend zwischen Südafrika und Namibia und Südafrika, Simbabwe und Mosambik liegen.

WIRTSCHAFT

Der Bergbau zählt zu den wichtigsten Wirtschaftszweigen und bietet – neben der Landwirtschaft – die meisten Arbeitsplätze. Südafrika hat das größte Goldvorkommen der Welt und deckt 13 Prozent des internationalen Bedarfs ab. Es gehört auch zu den größten Diamantenlieferanten. Jedes Jahr werden in den Meeren um das Kap 1,2 Mio. t Fisch geflorierende Filmindustrie entwickelt. Es werden amerikanische Blockbuster, aber auch deutsche Serien und internationale Werbefilme gedreht.

Trotz des wirtschaftlichen Aufschwungs und der vergleichsweise erfolgreichen Finanzpolitik der Regierung gibt es immer noch viele Arbeitslose im Land. Die Arbeitslosenquote in der erwerbsfähigen Bevölkerung wird auf rund 30 Prozent geschätzt. Dagegen klappt die amtlich verordnete *Affirmative Action,* die bevorzugte Einstellung von historisch benachteiligten Südafrikanern bei gleicher Qualifikation, sehr gut.

Bild: Straußensteak

ESSEN & TRINKEN

Es gibt keine authentische südafrikanische Küche. Je nach Landstrich werden andere Spezialitäten geboten. Am Kap macht sich der Einfluss der Malaien besonders durch Eintöpfe bemerkbar. Die Inder in Natal reichen gern scharfe Curry- und Chutney-Gerichte.

Die Afrikaaner lieben ihren *braai*, ein Barbecue, das häufig mehr wegen seiner Geselligkeit als wegen seiner kulinarischen Genüsse in Erinnerung bleibt. Es werden erstklassige Steaks und *boerewors* (gut gewürzte Bratwürste) gegrillt. Dazu gibt es *stywe pap,* einen fast trocken gekochten Brei aus Maismehl. Echt afrikaanisch verhalten Sie sich, wenn Sie den *pap* mit den Händen zu einem Klumpen formen und in eine Sauce tauchen, bevor Sie ihn mit der Wurst essen. An Wochenenden trifft man sich überall in Südafrika zu *braai partys:* Die Männer stehen um das Feuer, ein Bier in der Hand, die Frauen sitzen am Tisch und reden über Alltagsprobleme.

Fast alle Restaurants haben ein großes Angebot an Fisch, der gerade in den Küstenregionen garantiert fangfrisch ist. Der *crayfish* ist geschmacklich eine Mischung aus Hummer und Languste. Verglichen mit den Preisen in Europa ist diese Delikatesse in Südafrika erschwinglich. Das Angebot an Obst und Gemüse ist sehr groß und die Qualität hervorragend. Fast immer handelt es sich um Freilandprodukte. Das wirkt sich auf Duft und Geschmack aus. Besonders empfehlenswert sind Weintrauben, Melonen und Äpfel. Gemüse- und Obstsorten entspre-

Vielfältige Spezialitäten: Asiatische, indische, europäische und afrikanische Küche verwöhnen selbst anspruchsvolle Genießer

chen durchweg dem europäischen Angebot, einmalig am Kap sind jedoch *Cape gooseberries* (Kapstachelbeere, *Physalis*): Die kleinen, gelben Früchte werden hauptsächlich für Kuchen und Konfitüren verwendet. Außerdem wachsen auf vielen Teichen ab Mai die *waterblommetjies*. Die Blüten der seerosenähnlichen Wasserpflanze, die nur am Kap wächst, werden gern als Zutat für einen Lammeintopf genommen.

Das Leitungswasser können Sie überall bedenkenlos trinken. Südafrika hat mit die beste Wasserqualität der Welt. Deshalb kam Mineralwasser erst vor kurzem in Mode. Zu jedem Essen bestellen sich die Südafrikaner ein Glas Eiswasser. Das populärste alkoholische Getränk bei der schwarzen Bevölkerung ist Bier; Weiße trinken gern Brandy mit Cola, aber auch andere Longdrinks. Gin, Rum, Wodka und Whisky – viele Spirituosen werden in Südafrika hergestellt oder zumindest abgefüllt.

Obwohl das Land seit über 300 Jahren Wein anbaut, sind die Südafrikaner

SPEZIALITÄTEN

▶ **Biltong** – luftgetrocknetes und gesalzenes Filet vom Rind oder Wild; es wird in dünnen Scheiben serviert und ist ein Überbleibsel aus der Zeit des großen Trecks der Buren, als das Fleisch lange haltbar sein musste

▶ **Bobotie** – Der Auflauf besteht aus Lammhackfleisch, das stark mit Curry gewürzt ist, versetzt mit Aprikosen, Marmelade, Rosinen und Mandeln. Darüber kommt eine Sauce aus Eigelb und Milch. Als Beilage wird meist Safranreis serviert

▶ **Bredie** – Fleischeintopf mit Gemüse, besonders mit Tomaten zu empfehlen (Foto li.)

▶ **Droë Wors** – luftgetrocknete Wurst, sehr lange haltbar. Auch sie ist ein Relikt des großen Trecks

▶ **Isibindi** – dünn geschnittene Lammleber mit Zwiebeln

▶ **Kingklip** – der beliebteste Seefisch in Südafrika gehört zur Dorschfamilie. Er hat festes, weißes Fleisch und kommt meist filetiert auf den Teller

▶ **Koeksisters** – sehr süßes Gebäck. Der Teig wird geflochten, in Öl ausgebacken und in Sirup getaucht serviert

▶ **Pap** – Brei aus Maismehl, den man mit der italienischen Polenta vergleichen kann. Die Afrikaaner nennen ihn *pap* und essen ihn mit *sous*, einer Sauce aus Tomaten und Zwiebeln. Aber eigentlich kommt der ziemlich trockene Brei aus der schwarzafrikanischen Küche. Dort heißt er *putu* und spielt in der Grundernährung eine wichtige Rolle. Dazu gibt es meist *amasi*, eine Sauce aus saurer Milch

▶ **Perlemon** – auch Abalone genannt, eine handgroße Muschel aus dem Atlantischen Ozean

▶ **Potjiekos** – Gericht aus Kartoffeln, Fleisch und Gemüse, das bis zu fünf Stunden über dem offenen Feuer schmort

▶ **Samoosa** – kleine, dreieckige Blätterteigtaschen mit Gemüse- oder Fleischfüllung, die in heißem Fett ausgebraten werden (Foto re.)

▶ **Sosaties** – Spieße mit Lammfleisch, Trockenfrüchten, Tomaten und Zwiebeln, meist gegrillt

▶ **Sousboontjies** – getrocknete Bohnen, die mit Butter, Zucker, Essig und anderem Gemüse zusammen gekocht werden

▶ **Ulusu** – weich gekochte Kutteln in einer Sauce aus Zwiebeln, Sellerie und Kartoffeln

ESSEN & TRINKEN

selbst erst vor zwei Jahrzehnten so richtig auf den Geschmack gekommen. Südafrikanische Weine sind ausgezeichnet, für Weinliebhaber ist das Kapland ein Paradies. Die Trauben wachsen hier unter idealen Bedingungen.

Wenn Sie Ihre Reise am Kap beginnen, sollten Sie die Weinrouten von Franschhoek, Stellenbosch, Paarl oder Constantia abfahren. Bei den überall angebotenen Weinproben können Sie gleich herausfinden, welche Tischweine Sie auf Ihrer Reise trinken wollen. Hier einige Empfehlungen: *Meerlust, Hamilton Russell, Springfield, Simonsig, Bouchard Finlayson, Waterford* und *Tokara* erzeugen wunderbare Rot- und Weißweine. Den roten *Pinotage* gibt es nur in Südafrika. Die Traube ist eine Kreuzung aus Pinot Noir und Cinsault.

Der Kaffee entspricht nicht immer dem Geschmack der Besucher aus Europa, weil häufig – vor allem in ländlichen Regionen – Instantkaffee verwendet wird. Vielleicht probieren Sie stattdessen auch einmal den *Rooibos-Tee*, hergestellt aus den feinen, nadelähnlichen Blättern eines Busches, der nur in den Cedarbergen wächst.

Besonders in den Großstädten und Ferienorten finden Sie eine große Auswahl an Lokalen. Die Küche ist vielfältig. Es gibt kaum eine Nationalität, die in Südafrika nicht mit einem Restaurant vertreten ist. Wenn Sie gern Wein oder Bier zum Essen trinken und zum Schluss auch einen Schnaps, vergewissern Sie sich zuvor, dass das Lokal eine Schanklizenz hat. Dabei wird unterschieden zwischen einer Volllizenz und einer Lizenz, die nur den Ausschank von Wein und Bier gestattet. Wenn ein Lokal den Hinweis *unlicensed* trägt, können Sie sich Ihre eigenen alkoholischen Getränke mitbringen. Normalerweise wird man bei der Tischreservierung darauf hingewiesen. Dann zahlt sich der vorherige Besuch eines Weinguts besonders aus.

Restaurants sind meist mittags von 12 bis 14.30 und abends von 19 bis 23 Uhr ge-

Südafrikas Weine wachsen unter idealen Bedingungen

öffnet. Montags haben viele Lokale geschlossen, in ländlichen Gebieten oft auch sonntagabends. Es empfiehlt sich, vor allem für das Abendessen und in den größeren Städten immer einen Tisch zu reservieren. Dabei sollten Sie beachten, dass einige Restaurants und Hotels speziell am Abend auf elegante Kleidung Wert legen.

Rauchen ist in Südafrika in Gebäuden mit Publikumsverkehr verboten. Einige Restaurants verfügen aber über eine Raucherecke.

EINKAUFEN

Mitbringsel aus Südafrika sind exotisch, kunstvoll und vielfältig. Die Entscheidung wird Ihnen schwerfallen, was Sie wem mitbringen möchten und wodurch Sie sich selbst an die Reise erinnert fühlen wollen: Reich verzierte Kleider, Schmuck, Schnitzereien und Handarbeiten gibt es in enormer Auswahl. In allen Städten gibt es die bei den Südafrikanern sehr beliebten Shopping Malls. In den Einkaufszentren, oft mit weit über 100 Geschäften, gibt es alles unter einem Dach – und das bei angenehmen, weil klimatisierten Temperaturen.

HOLZFIGUREN

Hier sollten Sie unbedingt darauf achten, dass das Preis-Leistungs-Verhältnis stimmt. Viele der angebotenen Arbeiten kommen aus Massenwerkstätten in den Nachbarländern nach Südafrika. Wer also wirklich Kunst kaufen möchte, sollte sich in einem Fachgeschäft beraten lassen.

KUNSTHANDWERK

Fast alle südafrikanischen Stämme arbeiten mit Perlen. Sie werden fasziniert sein von den wundervollen Kunstwerken, die zudem auch Botschaften übermitteln sollen. Zulu und Xhosa zum Beispiel schicken als kunstvolle Liebesbriefe kleine Teppiche aus besagten Perlen, die an Sicherheitsnadeln hängen.

Die Zulu fertigen außerdem Stoffpuppen, Vögel aus Tannenzapfen und Gefäße aus Kürbisrinde, die *Kalabasch*. Typisch für die Xhosa sind Kleider und Taschen in Weiß oder Orange, die mit Perlen und Knöpfen bestickt sind. Die Ndebele wiederum sind berühmt für ihre Lendenschurze aus Tierhaut. Bis zu 1 m hohe Puppen in Ndebele-Tracht verkörpern Fruchtbarkeit und Männlichkeit. In einigen Geschäften kommt der Erlös aus dem Verkauf von traditionellem Kunsthandwerk wohltätigen Organisationen zu Gute, in Kapstadt: *Wola Nani (Unit 3, Block A, Collingwood Place | 9 Drake Street | www.wolanani. co.za)* und *Monkeybiz (43 Rose Street | www.monkeybiz.co.za)*; in Knysna: *The Muse Factory (The Old Goal Complex | 17 Queen Street)*; in Durban: *Woza Moya (Ufafa Valley | www.wozamoya.org.za)*.

SCHMUCK

Der Gold- und Diamantenpreis in Südafrika unterscheidet sich nicht von dem in anderen Ländern, er wird vom internatio-

Perlen, Schmuck und mehr: Die Auswahl an anspruchsvollen kunsthandwerklichen Arbeiten in Südafrika ist groß

nalen Markt bestimmt. Es lohnt sich aber, Schmuck zu kaufen, wenn es sich um südafrikanische Handarbeit handelt. Solche Ware kostet hier weniger als in Deutschland und ist von hervorragender Qualität. Sie sollten aber nur in ein Fachgeschäft gehen, das Mitglied des *Jewellery Council of South Africa* ist.

Fälschung sind jedoch oft schwer zu unterscheiden. Waren aus Straußenleder sollten Sie deshalb ebenfalls nur im Fachgeschäft kaufen. Je weniger Noppen das Leder hat, desto preiswerter muss das Stück sein. Das glatte Leder stammt von den Beinen des Tiers und ist nicht so wertvoll.

SAFARIAUSRÜSTUNG

Auf jeden Fall sollten Sie erst in Südafrika für die Safari einkaufen. Die Ausrüstung ist hier billiger und qualitativ sehr gut. Zu empfehlen ist die Geschäftskette *Cape Union Mart (www.capeunionmart.co.za)*, die Filialen in allen größeren Einkaufszentren hat.

STRAUSSENLEDER

Die Auswahl ist groß: Hand- und Brieftaschen, Koffer, Portemonnaies, Schuhe etc. werden aus dem Leder des großen Laufvogels hergestellt. Original und

WEIN

Für Liebhaber edler Tropfen ist Südafrika ein Paradies. Viele *Wine Estates* bieten Weinproben an und liefern auch ins Ausland – wichtig, da der Zoll nur zwei Flaschen bei der Ausreise erlaubt. Spitzenweine kosten um 10 Euro pro Flasche, aber schon für 2,50 Euro bekommt man einen ordentlichen Tropfen. Sehr hilfreich bei der Auswahl ist der „Platter's Wine Guide" *(www.wineonplatter.com)*. In ihm werden alle Güter und Weine vorgestellt und beurteilt. Das Buch erhalten Sie in Buchhandlungen und Schreibwarenläden.

DIE PERFEKTE ROUTE

GROSSSTÄDTE UND NATIONALPARKS

Die Wirtschaftsmetropole des afrikanischen Kontinents: Eine Stadt voller Action, mit Schnellstraßen und wilden Autofahrern, Wolkenkratzern und Townships – das ist ❶ *Johannesburg* → S. 83. Aber kaum haben Sie die Millionenstadt verlassen – auf der N 4 Richtung Osten – sind Sie im weiten Land Afrikas. Nach 5 Std. Fahrt erreichen Sie den ❷ *Kruger National Park* → S. 90, eines der größten und schönsten Wildreservate des Kontinents. Von Nelspruit geht es auf der R 40 zum kleinen Königreich ❸ *Swasiland* → S. 76. Im *Foresters Arm*, etwas außerhalb von Mbabane, der Hauptstadt, fühlt sich der Gast wie in „Out of Africa". Von hier geht's wieder nach Südafrika. Die N2 führt zum Indischen Ozean in Richtung ❹ *Durban* → S. 72. Dieser Teil der Küste ist touristisch noch wenig entwickelt, aber landschaftlich sehr schön. Im starken Kontrast dazu steht die pulsierende Metropole der Provinz KwaZulu-Natal. Von Durban auf der N3 durch die verwunschenen Natal Midlands erreichen Sie zwischen Harrismith und Bethlehem den ❺ *Golden Gate Highlands National Park* → S. 70, dessen Sandsteinfelsen golden im Sonnenlicht schimmern. Weiter auf der R26 geht es nach ❻ *Ladybrand* → S. 71, dem Grenzort nach ❼ *Lesotho* → S. 71, das auch das Königreich in den Wolken genannt wird (Foto li.).

IM HERZEN DES LANDES

Die R 701 führt zum größten Stausee des Landes, dem ❽ *Gariep Dam*, der wegen seiner perfekten Bedingungen bei Gleitseglern beliebt ist. Auf der R 390 fahren Sie weiter Richtung *Cradock*, einem kleinen Ort mit renovierten viktorianischen Häusern. Auf jeden Fall sollte Zeit für einen Drink im *Victoria Hotel* sein. Vorbei am ❾ *Mountain Zebra National Park* → S. 38 (Foto re.), kommen Sie nach ❿ *Graaff-Reinet* → S. 36. Leckere Lammgerichte gibt es in *Gordon's Restaurant*. Schauen Sie sich vor der Weiterfahrt noch das *Valley of Desolation* mit beeindruckenden Felsformationen im *Camdeboo National Park* → S. 37 an.

IN DER KAROO

Weiter auf der N 9, bis es rechts auf die R 341 abgeht nach ⓫ *Oudtshoorn* → S. 36, der Metropole der Straußenzucht. Besuchen Sie eine der Straußenfarmen, und essen Sie ein Straußenrührei! Auf der R 328 geht es über den Schwartberg Pass, einen der schönsten Bergpässe des Landes, nach ⓬ *Prince Albert* – ein friedli-

Erleben Sie die vielfältigen Facetten Südafrikas auf einer Fahrt von Johannesburg über Durban nach Kapstadt

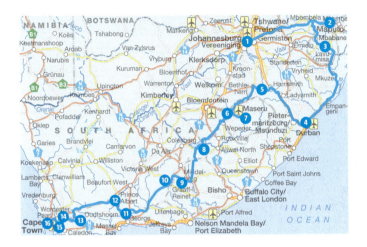

ches Karoo-Dörfchen mit entzückenden Hotels und Gästehäusern, ideal für einen Zwischenstopp. Von hier geht die Fahrt weiter auf der N 1. Nach zwei Stunden biegen Sie links auf die R 318 ab erreichen nach weiteren 60 Min. ⑬ *Montagu*, einen romantischen Ort an der Route 62; hier beginnt das südafrikanische Weinland.

WEINGÜTER UND DIE MUTTERSTADT

Von Montagu fahren Sie auf der R 60 über ⑭ *Worcester* → S. 94, bis es links in Richtung R 43 geht, dann weiter auf der R 43 über ⑮ *Villiersdorp* → S. 94 am Stausee *Theewaterskloof Dam* vorbei über den *Elephant Pass* mit einem sagenhaften Ausblick auf das Franschhoek-Tal. An der Strecke liegen zwei sehr gute Restaurants, *La Petite Ferme* und das *Haute Cabrière*. Der Weinort *Franschhoek* → S. 58 liegt im Herzen des Weinanbaugebiets und gilt als die kulinarische Hauptstadt Südafrikas. Von hier führt die R 45 an etlichen Weinfarmen vorbei.

Kurz vor der Auffahrt auf die Autobahn in Richtung Kapstadt liegt schließlich das schönste und eines der ältesten Weingüter des Landes: *Babylonstoren*. Auf der N 1 dauert das letzte Stück der langen Fahrt jetzt nur noch eine halbe Stunde. Dann sind Sie in ⑯ *Kapstadt* → S. 49, der ältesten Stadt Südafrikas, die deshalb auch *Mothercity*, Mutterstadt, genannt wird.

3100 km. Reine Fahrzeit ca. 35 Stunden. Empfohlene Reisedauer: zwei Wochen Detaillierter Routenverlauf auf dem hinteren Umschlag, im Reiseatlas sowie in der Faltkarte

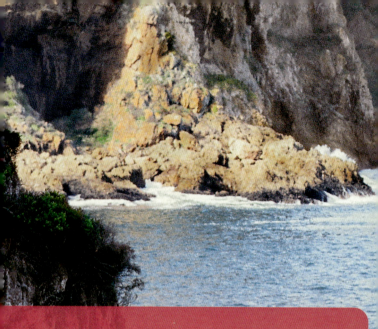

Bild: Knysna Heads

KAPPROVINZEN

Die Kapprovinzen umfassen 60 Prozent der Landesfläche und bieten extreme landschaftliche Kontraste: von der Kalahari-Wüste bis zu den üppigen Urwäldern an der Garden Route. Im Zentrum liegt die große Halbwüste Karoo. Wenn Sie die Einsamkeit mögen, werden Sie diese karge afrikanische Landschaft lieben.

Eine der Hauptattraktionen des Kaps ist die berühmte ⭐ *Garden Route*. Sie erstreckt sich von dem kleinen Industrieort Mossel Bay bis zur Mündung des Storms River. Besucher sollten aber bei der Fahrt entlang der Küste am Indischen Ozean nicht erwarten, dass hier ein Garten neben dem anderen liegt; der Name steht für eine üppig grüne Landschaft. Das Klima ist das ganze Jahr über mild. Ausführliche Informationen zu dieser Region finden Sie im MARCO POLO Band „Kapstadt".

Die Westküste der Kapprovinzen ist viel trockener und rauer als die „Gärten des Ostens". In der Lagune von Langebaan fühlt man sich an ein griechisches Idyll erinnert. Im Landesinnern liegt das halbwüstenartige Namaqualand. Zwischen August und Oktober verwandelt Regen die trockene Landschaft in ein Meer aus blühenden Wildblumen. Die beste Sicht auf diese Pracht haben Sie vom ☀ Vanrhynspass. Weiter im Norden liegt die faszinierende Kalahari-Wüste mit einem vom Tourismus kaum berührten Wildpark, dem *Kgalagadi Transfrontier National Park.* Er erstreckt sich über ein riesiges Gebiet in Südafrika und Namibia. Es

Wüste und üppiges Grün: Ob verschwenderisch, idyllisch oder karg, jede Gegend hat ihren ganz besonderen Reiz

gibt keine Grenzzäune mehr, und die Tiere (und auch Touristen) können sich frei bewegen. Die dramatischen Augrabies-Wasserfälle sind eines der Naturwunder Südafrikas, besonders, wenn der Gariep River (Orange River) Hochwasser führt und die Wassermengen 56 m in die Tiefe stürzen. Die Hauptstadt des Ostkaps ist Port Elizabeth, heute Teil der Gemeindeverwaltung Nelson Mandela Bay. Diese Provinz ist die Heimat des Xhosa-Stamms, zu dem auch Nelson Mandela gehörte. Einige Kilometer entfernt befindet sich der *Addo Elephant Park,* in dem jedoch nicht nur Elefanten leben, wie der Name vermuten lässt, sondern auch viele andere Tiere.

GEORGE

(131 E5) (🗺 *F8)* **George, die Hauptstadt der Garden Route (200 000 Ew.), liegt am Fuß der Outeniqua-Berge. Sie ist umgeben von einer traumhaft schönen, parkähnlichen Landschaft.**

GEORGE

Vom Landesinnern gelangen Sie über den Montagu- oder den Outeniqua-Pass nach George. Beim Spaziergang durch die Stadt sollten Sie einen kurzen Stopp an der alten Bücherei in der York Street,

GEORGE MUSEUM
Im früheren Gericht erfahren Sie viel über Holz und Holzverarbeitung. *Old Drostdy Building | Courtenay Street | Mo–Fr 9–16.30, Sa 9–12.30 Uhr | Eintritt frei*

Cango Caves: riesige, einzigartige Tropfsteinhöhlen bei Oudtshoorn

der Hauptstraße von George, einlegen. Eine der alten Eichen vor dem Gebäude steht unter Denkmalschutz, der sogenannte *Old Slave Tree*, an dem früher Sklaven verkauft wurden. Einen Blick lohnt auch die *St. Mark's Cathedral*, sie ist die wohl kleinste Kathedrale des Kontinents.

SEHENSWERTES

GARDEN ROUTE BOTANICAL GARDEN ●
Auf dem 120 000 m² großen Gelände wachsen nur die typischen Pflanzen der Garden Route. Sie bekommen einen wunderbaren Überblick über die vielfältige Flora der Region. *49 Caledon Street | tgl. 7–18 Uhr | Eintritt frei*

OUTENIQUA TRANSPORT MUSEUM
Ein Paradies für Zugliebhaber. Die können hier 13 alte Dampfloks bestaunen, einschließlich der ersten, die in Johannesburg fuhr. *Mo–Sa 8–17 Uhr | Eintritt 20 Rand | 2 Mission Street*

ESSEN & TRINKEN

KAFE SEREFÉ
Mitten in der City liegt das Bistro, das beliebt ist wegen seiner Fleischqualität und der gelungenen Mischung aus türkischer und südafrikanischer Küche. *60 Courtenay Street | Tel. 044 8 84 10 12 | €*

OLD TOWNHOUSE
Auf der Speisekarte des Restaurants, das in einem der ältesten Häuser der Stadt

KAPPROVINZEN

untergebracht ist, stehen traditionelle Gerichte. *Market Street/Ecke York | Tel. 044 8 74 36 63 | €€*

FREIZEIT & SPORT

George ist mit acht hervorragenden Plätzen das Golfmekka Südafrikas *(Infos bei George Tourism)*. Der Vorort *Victoria Bay* liegt am Meer und ist bei Wellenreitern in aller Welt bekannt. Das INSIDER TIPP *B & B Silverspray (4 Zi. | Tel. 082 5 12 18 48 | www.silverspray.co.za | €)* liegt nur 6 m vom Meer entfernt.

ÜBERNACHTEN

FANCOURT ★ ● ↻

Der wunderschöne Landsitz aus dem Jahr 1860 ist umgeben von drei Golfplätzen und einem herrlichen Garten mit Hallen- und Außenschwimmbädern. Fancourt ist vorbildlich im Wassermanagement für die Pflege der Golfplätze. *86 Zi. | Montagu Street | Tel. 044 8 04 00 00 | www.Fancourt.com | €€€*

GARDENVILLA ❀

Am Fuß der Quteniqua-Berge, umgeben von einem 5000 m² großen Garten, liegt das romantische B & B. *5 Zi. | 35 Plantation Road | Tel. 044 8 74 03 91 | www.gardenvilla.co.za | €*

AUSKUNFT

GEORGE TOURISM BUREAU

124 York Street | Tel. 044 8 01 92 95 | www.tourismgeorge.co.za

ZIELE IN DER UMGEBUNG

CANGO CAVES ★ (131 E5) (⌘ F8)

Die unterirdischen Gewölbe 80 km nordwestlich von George gehören zu den faszinierendsten Tropfsteinhöhlen der Welt. Seit 20 Mio. Jahren zersetzt Regenwasser den Kalkstein, sodass sich gewaltige Kammern und Tunnel gebildet haben – ein einmaliges Zusammenspiel aus Formen und Farben. *Führungen (60 oder 90 Min.) zur vollen bzw. halben Stunde 9–16 Uhr | Eintritt 80–100 Rand*

MARCO POLO HIGHLIGHTS

★ Garden Route
Die berühmte „grüne" Küstenstraße Südafrikas führt am Indischen Ozean entlang durch eine herrliche Landschaft → S. 32

★ Fancourt
Das Luxushotel in George liegt inmitten von drei 18-Loch-Golfplätzen → S. 35

★ Cango Caves
Einmalige und besonders reizvolle, über einen langen Zeitraum von vielen Millionen von Jahren entstandene Tropfsteinhöhlen in der Nähe von Oudtshoorn → S. 35

★ Kgalagadi Transfrontier National Park
Löwen, Antilopen und mehr in einem besonders schönen Park, einem nahezu unberührten Ökosystem → S. 40

★ West Coast National Park
Der Naturpark ist ein geschütztes Feuchtbiotop, in dem viele vom Aussterben bedrohte Vögel leben → S. 44

★ Addo Elephant National Park
Vor allem der Nachwuchs der Dickhäuter begeistert die Besucher → S. 47

GRAAFF- REINET

Interessieren Sie sich für Straußenzucht? Er führt Sie kundig über die Cango Ostrich Farm

OUDTSHOORN (131 E5) (*F8*)

Oudtshoorn ist das Zentrum der Straußenzucht. Es liegt 70 km von George entfernt. Nirgendwo, sagen die Einwohner, werden die Laufvögel so erfolgreich gezüchtet wie hier. Alle neun Monate müssen die Tiere Federn lassen. Außer den Federn erfreut sich auch Straußenleder großer Beliebtheit. Verschiedene Farmen bieten Führungen an, z. B. die ● *Cango Ostrich Farm (Tel. 044 2 72 46 23 | Eintritt 75 Rand)*. Das *C. P. Nel Museum (3 Baron von Rheede Street | Mo–Fr 8–17, Sa 9–13 Uhr | Eintritt 16 Rand)* schildert die Geschichte der Straußenzucht. Etwas außerhalb an der Straße zu den Cango Caves liegt das gepflegte Hotel *Altes Landhaus (9 Zi. | Tel. 044 2 72 61 12 | www.alteslandhaus.co.za | €€)*.

WILDERNESS (131 E5) (*F8*)

Wilderness liegt an der Mündung des Kaaimans River und ist wegen des 5 km langen Strands ein beliebter Urlaubsort. Das schönste Hotel ist das **INSIDER TIPP** *Views (17 Zi. | South Street | Tel. 044 8 77 80 00 | www.viewshotel.co.za | €€€)* mit einem, wie der Name schon vermuten lässt, tollen Ausblick auf Strand und Ozean. *Eden Adventures (Tel. 044 8 77 01 79 | www.eden.co.za)* veranstaltet Kanufahrten durch die Wilderness-Lagune und den gleichnamigen Nationalpark.

GRAAFF-REINET

(131 F4) (*G7*) Der Ort, umgeben vom Camdeboo National Park, wird oft das Juwel der Karoo genannt. Graaff-Reinet (80 000 Ew.) wurde 1786 gegründet und zählt damit zu den ältesten Städten Südafrikas.

Der Stadtkern gleicht einem großen Freilichtmuseum. Hier spiegelt sich die Archi-

KAPPROVINZEN

tektur der letzten 200 Jahre wider, von der einfachen Karoohütte über die kapholländischen Anwesen, die im 18. Jh. den Stadthäusern in Amsterdam nachgebaut wurden, bis hin zu den Häusern aus der viktorianischen Ära. Alle Gebäude wurden mit viel Aufwand restauriert.

SEHENSWERTES

REINET HOUSE MUSEUM
Umfangreiche Sammlung kapholländischer Möbel und Haushaltsgeräte sowie eine Fahrzeugsammlung. Die Weinrebe vor dem Haus wurde schon 1870 gepflanzt und soll die älteste im Land sein. *Murray Street | Mo–Fr 8–16, Sa/So 9–13 Uhr | Eintritt 20 Rand*

ESSEN & TRINKEN

GORDON'S RESTAURANT
Spitzenküche auf Karoo-Art. Besonders zu empfehlen: das langsam gekochte Karoo-Lamm. *100 Cradock Street | Tel. 049 8 92 45 75 | €€*

EINKAUFEN

WINDMILL JUNCTION
Ob Antiquitäten oder Trödel, Kunst oder Kitsch, Besitzerin Amori hat alles im Angebot. *52 Somerset Street*

AM ABEND

In den beiden Bars des Drostdy Hotels, dem schönsten Haus des Orts, können Sie abends die Farmer aus der Umgebung von Graaff-Reinet treffen.

ÜBERNACHTEN

BUITEN VERWAGTEN
Der Name bedeutet „Besser als alle Erwartungen" in Afrikaans, und das trifft bei diesem Gasthaus zu. Es ist umgeben von einem riesigen Garten, in dem die zweitälteste Weinrebe des Örtchens wächst. *5 Zi. | 58 Burke Street | Tel. 049 8 92 45 04 | €*

KAMBRO COTTAGE
Das kleine B & B liegt zwar mitten im Ort, trotzdem ist ein Aufenthalt ruhig und entspannt. *4 Zi. | 73 Somerset Street | Tel. 049 8 91 03 60 | kambrocottage@gmail.com | €*

AUSKUNFT

TOURIST INFORMATION BUREAU
13a Church Street | Tel. 049 8 92 42 48 | www.graaffreinet.co.za

ZIELE IN DER UMGEBUNG

CAMDEBOO NATIONAL PARK
(131 F4) *(G7)*
Die Hauptattraktion dieses Nationalparks ist das *Valley of Desolation (tgl. von Sonnenauf- bis -untergang | Eintritt 70 Rand)*, eine dramatische Felsenschlucht. Der Rundweg eröffnet tolle Ausblicke. Übernachten können Sie im *Mount Camdeboo Game Reserve (11 Zi. | Tel. 049 8 91 05 70 | www.mountcamdeboo.com | €€). 6 km von Graaff-Reinet*

CRADOCK **(132 A5)** *(H7)*
Cradock ist ein kleines, für die Karoo sehr typisches Städtchen. Die Schriftstellerin Olive Schreiner schrieb hier 1883 das Buch „Geschichte einer afrikanischen Farm". Im *Olive-Schreiner-Haus (9 Cross Street)* wird an sie erinnert. 25 viktorianische Häuser in der Market Street wurden aufwendig renoviert und gehören zum kleinen Hotel **INSIDER TIPP** *Die Tuishuise (36 Market Street | Tel. 048 8 81 13 22 | www.tuishuise.co.za | €). 100 km von Graaff-Reinet entfernt*

KIMBERLEY

MOUNTAIN ZEBRA NATIONAL PARK
(132 A4) (*ΩΩ H7*)
1937 wurde dieser Nationalpark eingerichtet, um das Überleben der Bergzebras zu sichern. Bei der Gründung lebten hier nur noch vier Tiere, heute sind es wieder über 300. *(Auskunft: Tel. 048 8 81 24 27 | Eintritt 120 Rand). 170 km von Graaff-Reinet*

KIMBERLEY

(132 A2) (*ΩΩ G–H5*) **Als ein Kind 1866 einen glitzernden Stein an den Ufern des Gariep River fand, ahnte niemand, dass sich daraus der größte Diamantenrausch aller Zeiten entwickeln würde.**

Mit diesem Fund legte das Kind sozusagen den Grundstein für die Diamantenstadt *Kimberley* (180 000 Ew.). Der erste Diamant – Eureka genannt – hatte 21,75 Karat. Eine Kopie ist im Minenmuseum zu besichtigen. Zunächst suchten nur die Einwohner fieberhaft die Ufer ab, dann kamen immer mehr Glücksritter aus aller Welt. Die Suche nach den edlen Steinen lohnte sich nicht nur am Fluss, sondern auch in der Erde. Am Anfang war Kimberley nichts als eine Zeltstadt für mehrere Zehntausend Diamantengräber, die ihr den Namen *New Rush*, neuer Rausch, gaben. Zu dieser Zeit, um 1870, gruben 30 000 Menschen im sogenannten *Big Hole*, dem größten von Menschenhand geschaffenen Krater der Welt. Er hat eine Tiefe von 800 m, einen Durchmesser von 1,6 km und umfasst eine Fläche von 17 ha. In 43 Jahren wurden in diesem Riesenloch 2722 kg Diamanten, die 13,6 Mio. Karat hatten, gefunden. Das Zeltlager entwickelte sich zu einer kleinen Stadt, der man 1873 den Namen Kimberley gab.

800 m tief: Big Hole in Kimberley

SEHENSWERTES

BIG HOLE AND KIMBERLEY MINE MUSEUM ● ✼
Über den Krater des Big Hole ragt eine verwegene Aussichtsplattform. Die Old Town ist ein Openairmuseum mit historischen Häusern. Im *Visitors Centre* wird die Geschichte des Diamantenrauschs gezeigt, und im *Diamond Vault* sind Rohdiamanten ausgestellt, unter anderem der berühmte und große „616" mit 616 Karat. *Bulfontein Street | tgl. 8–17 Uhr | Eintritt ins Museum frei, Big Hole 85 Rand*

MCGREGOR MUSEUM
Von Cecil Rhodes als Sanatorium gebaut, wird in dem Haus heute u. a. anschaulich gezeigt, wie die Diamantenkönige Ende des 19. Jhs. gelebt haben. Besonders gut können Sie das im *Rudd House*

KAPPROVINZEN

Einst heilige Stätte der San, jetzt Touristenattraktion: die tosenden Augrabies Falls

sehen, das dem Museum angeschlossen ist. *5 Atlas Street | Mo–Sa 9–17, So 14–17 Uhr | Eintritt 20 Rand*

ESSEN & TRINKEN

BUTLER'S RESTAURANT
In klassischem Ambiente werden im Restaurant des Hotels *Estate* südafrikanische und internationale Gerichte serviert. *7 Lodge Street | Tel. 053 8 32 26 68 | €€*

ÜBERNACHTEN

CECIL JOHN RHODES GUEST HOUSE
Hier fühlen sich Gäste zurückversetzt in die Zeit des Diamantenrauschs. Die Ausstattung ist jedoch modern. *7 Zi. | 138 Du Toitspan Road | Tel. 053 8 30 25 00 | www.ceciljohnrhodes.co.za | €*

PROTEA HOTEL KIMBERLEY
Schickes und neues Hotel, das direkt am Big Hole errichtet wurde. Beim Cocktail auf der Terrasse können Sie in den tiefen Krater hineinblicken. *94 Zi. | West Circular Road | Tel. 053 8 02 82 00 | www.proteahotels.com | €€*

AUSKUNFT

TOURIST INFORMATION CENTRE
511 Drakensberg Street | Tel. 053 8 32 72 98 | www.kimberley.co.za

ZIELE IN DER UMGEBUNG

AUGRABIES FALLS (130 C1) (*E5*)
Den San galten die beeindruckenden Wasserfälle als heiliger Ort. Sie fallen 56 m in die Tiefe. Der Einsturzsee ist 130 m tief, und es kursiert das Gerücht, dass auf seinem Grund viele Diamanten liegen. Allerdings: Die Gewalt des Wasserfalls macht jeden Tauchversuch unmöglich *(tgl. 6.30–19.30 Uhr | Eintritt 120 Rand)*. Die 3 km von den Fällen entfernt liegende *Dundi Lodge (11 Zi. | Tel. 054 4 51 92 00 | www.dundilodge.co.za | €€)* ist die beste Übernachtungsmöglichkeit in dieser Gegend. *Etwa 400 km westlich von Kimberley*

KNYSNA

KGALAGADI TRANSFRONTIER NATIONAL PARK ★
(126–127 C–D 2–4) (*E–F 2–3*)
Der grenzübergreifende Park ist das größte unberührte Ökosystem der Welt. Zusammen mit dem Botswana National Park im Nachbarland hat er eine Fläche von über 20 000 km². Hier tummeln sich u. a. Großkatzen wie Löwen und Geparde sowie Antilopen. In drei Camps gibt es Hütten zum Übernachten *(B 3 über Upington Richtung Botswana). 350 km nordwestlich von Kimberley*

TSWALU (127 E4) (*G4*)
Das größte private Naturreservat (1000 km²) im südlichen Afrika gehört der Diamantenfamilie Oppenheimer, die für ihr Engagement für den Umweltschutz vom WWF ausgezeichnet wurde. Die Zimmer der Lodge sind sehr luxuriös. Als eine der Attraktionen gilt, Nashörner zu Fuß zu verfolgen. *(9 Zi. | in der Nähe von Kuruman | Tel. 053 7 81 93 31 | www.tswalu.com | €€€). 210 km von Kimberley*

KNYSNA

(131 E6) (*G8*) **Knysna (35 000 Ew.), ein charmanter und farbenfroher Ort, ist die heimliche Hauptstadt der Garden Route.**

Sie liegt zwischen Bergen an einer großen Lagune, die nur durch einen schmalen Zugang mit dem Meer verbunden ist. Wie zwei Wachposten stehen an jeder Seite große Sandsteinfelsen, die *Knysna Heads.* Eine andere Attraktion ist der *Knysna Forrest,* ein Urwald in den umliegenden Bergen. Das Städtchen gehört zu den beliebtesten Urlaubszielen der Südafrikaner, sicherlich auch, weil in der Lagune erstklassige Austern gezüchtet werden.

Diese Gemsböcke leben im Kgalagadi Transfrontier National Park

KAPPROVINZEN

SEHENSWERTES

MILLWOOD HOUSE MUSEUM
Ausstellung zur Stadtgeschichte und über das Leben des Gründers von Knysna, George Rex. *Lower Queen Street | Mo–Fr 9.30–16.30, Sa 9.30–12.30 Uhr | Eintritt frei*

ESSEN & TRINKEN

INSIDER TIPP ▶ FIREFLY EATING HOUSE
Das Mutter-Tochter-Team ist berühmt für seine scharfen Eintöpfe. Nur acht Tische, also unbedingt reservieren. *152a Old Cape Route | Tel. 044 3 82 14 90 | €*

ILE DE PAIN BREAD & CAFÉ
Gutes Brot, tolles Frühstück und Mittagessen. *10 Boatshed | Thesen Islands | Tel. 044 3 02 57 07 | €*

ZACHARY'S
Ist das Restaurant des Hotels *Conrad Pezula* hoch über der Lagune. Es ist das beste an der Garden Route, und es werden fast nur Bio-Produkte verwendet. *Hotel Conrad Pezula | Tel. 044 3 02 33 33 | €€€*

EINKAUFEN

FRENCH KISSES
Bunte authentische Klamotten aus Südafrika wie von Maya Prass, aber auch ausgefallene Stücke aus Europa und Asien sind im Angebot. *Thesen Islands*

KNYSNA FINE ART
Kaum zu glauben, aber in Knysna gibt es eine der besten Galerien des Landes. Besonders zu beachten: die Arbeiten von Hylton Nel. *6 Long Street*

THE WATERFRONT
Rund um den Yachthafen liegen kleine Geschäfte wie das *Beach House,* wo die perfekte Ausstattung zum Segeln angeboten wird. *Knysna Quays*

FREIZEIT & SPORT

Der Wanderweg *Elephant Walk* führt über eine Länge von 21 km durch die Knysna-Wälder. Die Chance, einen Elefanten zu sehen, ist jedoch gering. Für Golfer: *Knysna Golf Club (Tel. 044 3 84 11 50)* und der spektakulär gelegene Platz des *Pezula Golf Clubs (Tel. 044 3 02 53 07)*. Dazu gibt es Wassersportmöglichkeiten aller Art. Etwas Besonderes ist die Übernachtung auf einem der Hausboote, die vermietet werden: *Knysna House Boats (Tel. 044 3 82 28 02 | www.knysnahouseboats.com | €)*. Boote vermietet *Knysna Charters (Thesen Island | Tel. 082 8 92 04 69)*.

AM ABEND

34 DEGREES SOUTH
Besonders in der Ferienzeit ist in der Bar des Restaurants mit Blick auf den Yachthafen viel los. *Knysna Quays | Waterfront*

LOW BUDGET

▶ Eine der beliebtesten Wanderwege des Landes ist der *Otter Trail (www.sanparks.org)* an der Garden Route. Er dauert fünf Tage und muss ein Jahr im Voraus gebucht werden. Den ersten Wandertag, der an der Mündung des Storms River beginnt, können aber Ungeduldige ohne Anmeldung und Bezahlung mitmachen.

▶ Ein Muss ist der Stopp in den *Factory Shops* von *Billabong* und *Quiksilver* in Jeffrey's Bay für supercoole, supergünstige Surfklamotten.

KNYSNA

Strandleben vom Feinsten in der schönen Bucht: Plettenberg Bay

ÜBERNACHTEN

HOMTINI GUEST FARM ●
Die Gäste wohnen auf einem bewirtschafteten Bauernhof in Cottages oder festen Zelten mit Ausblick auf die Outeniqua-Berge. Tolle Wanderrouten fangen hier an. *7 Zi. | Homtini Pass | Tel. 044 3 89 00 29 | www.homtini.co.za | €*

INSIDER TIPP ▶ TURBINE HOTEL
Luxuriöses Hotel in einem ehemaligen E-Werk. Um die denkmalgeschützten Maschinen wurde ein Hotel nach umweltfreundlichen Regeln gebaut. *24 Zi. | 36 Sawtooth Lane | Thesen Islands | Tel. 044 3 02 57 46 | www.turbinehotel.co.za | €€*

WATERFRONT LODGE
Wie der Name schon sagt, liegt das kleine und romantische Gästehaus mit Aussicht direkt an der Lagune. *8 Zi. | On the Point | Point Close | Tel. 044 3 82 16 96 | www.waterfront-lodge.co.za | €€*

AUSKUNFT

KNYSNA TOURISM
40 Main Street | Tel. 044 3 82 55 10 | www.visitknysna.com

ZIELE IN DER UMGEBUNG

PLETTENBERG BAY (131 E6) (*G8*)
Der portugiesische Entdecker Mesquita da Perestrelo gab dem Ort (25 km von Knysna) 1576 den Namen *Bahia Formosa*, schöne Bucht. 1778 kam Joachim von Plettenberg als Gouverneur. Später wurde die Stadt nach ihm benannt. Heute ist Plettenberg Bay ein exklusives Seebad mit drei herrlichen Stränden, die sich über 7 km erstrecken und gute Badestellen für Kinder bieten. Durchschnittlich scheint hier an 320 Tagen im Jahr die Sonne. Zwischen Juli und September bringen die Wale in der Bucht ihre Jungen zur Welt.

Auf Felsen direkt am Ozean liegt das Luxushotel *The Plettenberg* (40 Zi.) mit

KAPPROVINZEN

einer unschlagbaren Aussicht. Das dazugehörige Restaurant *Seafood (40 Church Street | Look Out Rocks | Tel. 044 5 33 20 23 | www.collectionmcgrath.com/plett | €€€)* ist das beste Lokal im ganzen Ort.

Nur wenige Kilometer außerhalb des Orts befindet sich die INSIDER TIPP *Emily Moon River Lodge (8 Zi. | Bitou Valley | Tel. 044 5 33 29 82 | www.emilymoon.co.za | €€)*. Die Gäste wohnen in acht großzügigen Cottages mit Blick über den Bitou-Fluss.

Oberhalb des spektakulären Look-out-Strands liegt das kleine Gästehaus *La Vista (7 Zi. | 17 Rosheen Crescent | Tel. 044 5 33 30 08 | www.lavista.co.za | €€)*. Der Blick aufs Meer vom Pooldeck aus ist umwerfend. Empfehlenswerte Restaurants im kurz „Plett" genannten Städtchen sind das *Cornuti al Mare (1 Perestrella Street | Tel. 044 5 33 12 77 | €)* und das umweltbewusst wirtschaftende *Surf Café (Beacon Isle Centre | Tel. 044 5 33 68 01 | €)*. *Ocean Blue Adventures (Tel. 04 45 33 50 83)* bietet Bootsfahrten zu den Delphinen und Walen im Indischen Ozean nach den strengen Regeln des Naturschutzes an.

10 km außerhalb finden Sie das schönste Baumhaushotel Südafrikas, die *Tsala Treetop Lodge (10 Zi. | Tel. 044 5 01 11 11 | www.hunterhotels.com | €€€)* – umgeben von jahrhundertealten Milkwood-Bäumen.

TSITSIKAMMA NATIONAL PARK
(131 F6) (*G8*)

Das Naturschutzgebiet schließt neben dem Küstenstreifen auch eine 5-km-Zone des vorgelagerten Meeres ein. Landeinwärts liegt der Tsitsikamma Forest National Park, in dem ein Teil der ursprünglichen Wälder erhalten ist. Beeindruckend ist die *Paul-Sauer-Brücke*. 192 m lang, überspannt sie den Storms River in 139 m Höhe. Von der Brücke haben Sie einen phantastischen Blick. Wer in dieser schönen Landschaft eine Nacht verbringen möchte, kehrt ein im Hotel *Tsitsikamma (49 Zi. | Stormsriver | Tel. 042 2 81 17 11 | www.tsitsikammahotel.co.za | €€)*. Für Abenteuerlustige lohnt sich ein Besuch bei *Stormsriver Adventure (Tel. 042 2 81 18 36 | www.stormsriver.com)*. Sie bieten Wassersport, Reiten und Bergsteigen an.

LANGEBAAN

(130 B5) (*D7*) **Das kleine verträumte Langebaan (4600 Ew.) liegt an der**

Hängebrücke über den Storms River

PORT ELIZABETH

gleichnamigen Lagune, die sich über 16 km erstreckt und ein wahres Paradies für Vogelliebhaber ist.

Im Sommer leben hier bis zu 55 000 Vögel, unter anderem Reiher, Ibisse, Austernfischer, Flamingos und Kormorane, aber auch Säugetiere wie Antilopen und Zebras. Wassersportler, Angler und Taucher schätzen Langebaan als Ferienort, nicht zuletzt wegen des warmen Wassers. Die Lagune ist ein beliebtes Revier für Windsurfer.

SEHENSWERTES

WEST COAST NATIONAL PARK ★
Der kleine Nationalpark ist ein Feuchtbiotop zum Schutz gefährdeter Vogelarten. Er umfasst die Lagune und den größten Teil des umliegenden Landes und gehört zu den bedeutenden Feuchtgebieten Südafrikas.

ESSEN & TRINKEN

INSIDER TIPP STRANDLOPER
Das rustikale Restaurant liegt direkt am Strand. Der Fisch wird über dem offenen Feuer zubereitet. *Tel. 022 772 24 90 | €*

ÜBERNACHTEN

FARMHOUSE LANGEBAAN
Das Hotel ist teilweise in einem alten Farmhaus untergebracht, das einen eindrucksvollen Blick über die Langebaan-Lagune gestattet. Von der Terrasse aus können Sie Flamingos beobachten. *15 Zi. | 5 Heron Street | Tel. 022 772 20 62 | www.thefarmhousehotel.com | €€*

AUSKUNFT

LANGEBAAN TOURISM BUREAU
Bree Street/Ecke Hoof Street | Tel. 022 772 15 15 | www.langebaan-info.co.za

ZIEL IN DER UMGEBUNG

PATERNOSTER (130 B5) (*D7*)
Der romantische Fischerort besticht mit seinen hübschen weißen Häusern. Nahe am Meer liegt das *Abalone Boutique Guest House (10 Zi. | 2 Kriedoring Street | Tel. 022 72 20 44 | www.southofafrica.co.za | €€€)*. In der *Noisy Oyster (Tel. 022 752 21 96 | €)* werden die Fischgerichte der Westküste zubereitet. *40 km nordwestlich von Langebaan*

PORT ELIZABETH

(132 A6) (*H8*) **Benannt wurde die Hafenstadt Port Elizabeth (1,5 Mio. Ew.) nach der Ehefrau ihres Gründers Sir Rufane Donkin. In Südafrika wird der Ort meist nur „PE" genannt.**

Obwohl die Engländer hier schon 1799 ein Fort bauten, entstand die Siedlung erst 1820. Heute ist Port Elizabeth ein Wirtschaftszentrum und traditioneller Hauptstandort der Automobilindustrie: Ford, Opel und VW produzieren hier Fahrzeuge. Dennoch hat die Stadt mit vielen gut erhaltenen Gebäuden ihren viktoria-

CITY WOHIN ZUERST?
Am **Marktplatz** stehen einige historische Gebäude wie das Rathaus. Von hier geht es Richtung Westen zur Donkin Street mit viktorianischen Häuschen. Das Tourismusbüro ist im Donkin Lighthouse Building untergebracht, von hier können Sie sich auf den 5 km langen Donkin Trail begeben. Gute Parkmöglichkeiten gibt es in der Chapel und in der Victoria Street.

KAPPROVINZEN

Rathaus mit weiträumigem Marktplatz in Port Elizabeth

nischen Charme bewahrt und ist ein beliebtes Ferienziel. Sie erstreckt sich über 16 km entlang der Algoa-Bucht mit herrlichen Sandstränden.

SEHENSWERTES

BAYWORLD MUSEUM COMPLEX

Neben der Ausstellung zur Geschichte der Stadt ist ein Teil des Museums dem Leben der Xhosa-Stämme gewidmet. Gleich neben dem Museumskomplex informieren das *Oceanarium* und das *Aquarium* über die hiesige Meereswelt. *Marine Drive | tgl. 9–16.30 Uhr | Eintritt 35 Rand*

CAMPANILE

Der 1923 erbaute Turm erinnert an die Landung der britischen Siedler in der Bucht vor Port Elizabeth. Er ist 53 m hoch und bietet eine gute Aussicht über die Stadt. Das Spiel der 23 Glocken erklingt um 8.22, 13.32 und 18.02 Uhr. *Strand Street | Di–Sa 9–17, So/Mo 14–17 Uhr*

NO. 7 CASTLE HILL MUSEUM

Museumskomplex mit Siedlerhaus aus dem Jahr 1827. *7 Castle Hill Street | Mo–Do 9–13 und 14–16, Fr 10–13 und 14–16 Uhr | Eintritt 25 Rand*

ST. GEORGES PARK

In dem großen Park in der Stadtmitte finden Sie das *Nelson Mandela Metropolitan Art Museum,* das Künstler des Ostkaps ausstellt, und den *Botanischen Garten*.

ESSEN & TRINKEN

INSIDER TIPP CUBATA

Das kleine Restaurant liegt neben dem neuen WM-Stadion und serviert Gerichte aus Portugal. Unbedingt reservieren! *16b Arthur Road | Tel. 083 7 54 27 68 | €*

34° SOUTH

Das Restaurant im Boardwalk-Komplex bietet einen schönen Ausblick. Besonders zu empfehlen sind die leckeren Fischvor-

PORT ELIZABETH

speisen. *Boardwalk Casino and Entertainment Complex | Marine Drive | Tel. 041 5 83 10 85 | €€*

EINKAUFEN

INSIDER TIPP ▶ MELVILL & MOON
Supergeschäft für die Safariausstattung, die für den Besuch in einem der Wildparks des Ostkaps benötigt wird. *The Gaswork | 19 Bain Street*

FREIZEIT & SPORT

Surfausrüstungen gibt es an fast jedem Strand zu leihen. Sie können auch tauchen und in Schiffswracks nach Schätzen suchen: *Pro Dive (Tel. 041 5 811144)*. Sandboarding wird an den langen Stränden immer beliebter *(Auskunft: Tel. 041 18 56 5 65)*.

AM ABEND

BRIDGE STREET BREWERY, BAR & BISTRO
Das selbstgebraute Bier und die Tapas sind vorzüglich. Freitag- und samstagabends wird meist auch Livemusik geboten. *1 Bridge Street*

CUBANA ☼
Wer trendy sein will, genießt seinen Sundowner zum Start in den Abend hier: supermoderne, coole Bar mit Blick auf den Ozean und den Hafen. *Beach Road | McArthur Centre*

ÜBERNACHTEN

THE BEACH HOTEL
Elegantes Strandhotel, gelegen am berühmten *Hobie Beach* mit einer schönen Frühstücksterrasse. *58 Zi. | Marine Drive | Tel. 041 5 83 21 61 | www.thebeachhotel.co.za | €€*

NO 5 BOUTIQUE ART HOTEL
Eine Oase (nicht nur) für Kunstfans und Feingeister: Dies ist sicher das stillvollste Hotel überhaupt am Ostkap, ausgestattet mit Art-déco-Möbeln und einer erlesenen Kunstsammlung. *10 Zi. | 8 Brighton Drive | Tel. 041 5 02 60 00 | www.no5boutiquearthotel.com | €€€*

AUSKUNFT

TOURIST INFORMATION
Donkin Lighthouse Building | Tel. 041 5 82 25 75 | www.nmbt.co.za

DIAMANTENTAUCHEN

Selbst viele Südafrikaner wissen nicht, dass Diamanten nicht nur in Minen, sondern auch im Meer gefunden werden. Der Atlantische Ozean zwischen Langebaan und der Grenze nach Namibia ist in Quadrate aufgeteilt, für die Unternehmen Tauchgenehmigungen kaufen. Von Booten aus tauchen Diamantensucher mit einer Art riesigem Staubsauger auf den Meeresgrund hinunter und bringen Sand und Steine nach oben. Diamanten, die in dem Geröll gefunden werden, müssen bei einer staatlich kontrollierten Abnahmestelle abgeliefert werden. Der Preis ist reguliert, und Diebstahl wird mit Höchststrafen geahndet. Die meisten der abenteuerlustigen Taucher leben in dem ansonsten kargen Küstendorf Port Nolloth.

KAPPROVINZEN

> **ZIELE IN DER UMGEBUNG**

ADDO ELEPHANT NATIONAL PARK ★
(132 A6) *(H7–8)*
Über 550 Elefanten leben auf einer Fläche von 1680 km² Buschland im 60 km von Port Elizabeth entfernten Nationalpark. Als das Reservat 1931 gegründet wurde, gab es nur noch elf Tiere. Heute leben hier die Big Seven, also neben den Big Five (Elefant, Büffel, Löwe, Leopard, Nashorn) noch der Glattwal und der weiße Hai, denn das Naturschutzgebiet wurde bis in den Ozean erweitert. *Tgl. 7–19 Uhr | Eintritt 160 Rand*
5 km vom Haupteingang entfernt liegt die *Addo Dung Beetle Guest Farm (5 Zi. | Tel. 083 9 74 58 02 | www.addo dungbeetle.co.za | €€).*

GRAHAMSTOWN (132 B5) *(H7)*
Während der Semesterferien im Juli verwandelt sich die kleine Universitätsstadt in einen Festivalort mit Besuchern aus aller Welt. Geboten werden dann unter anderem Theater- und Opernaufführungen, Chansons und ein Straßenfest. *Auskunft: Tourismusbüro (Tel. 046 6 22 32 41).* Besucher können heute in zwei historischen Häusern der 1820 gegründeten Siedlung übernachten: im B&B *Henri House (7 Zi. | 16 Henry Street | Tel. 046 6 22 88 45 | www.henrihouse.co.za | €€)* und im *Victoria Hotel (15 Zi. | 8 New Street | Tel. 046 6 22 72 61 | www.hotelvictoriamews.com | €).* 110 km nordöstlich von Port Elizabeth

Aufmarsch der Elefanten im Addo Elephant National Park

JEFFREY'S BAY ● (132 A6) *(H8)*
Der kleine Küstenort befindet sich etwa 80 km westlich von Port Elizabeth und hat die besten Wellen zum Surfen in ganz Südafrika. Aber der schöne Strand ist auch einladend für Nichtsurfer. Das *Beach House (4 Zi. | 18 Pepper Street | Tel. 042 2 93 15 22 | www.jbaybeachhouse.co.za | €)* liegt direkt am Strand: unbedingt ein Eckzimmer **INSIDER TIPP** im ersten Stock mit Meerblick buchen. Surfunterricht geben die Lehrer von *Jeffreys Bay Surf School (Tel. 042 2 96 03 76).*

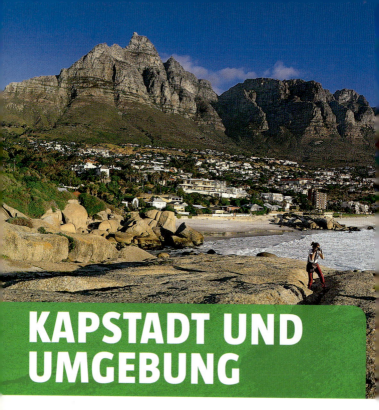

KAPSTADT UND UMGEBUNG

Kapstadt ist eine urbane Schönheit, mit exklusiven Vororten und dem Hafen in der Tafelbucht. Die Kaphalbinsel insgesamt ist ein herrliches Reiseziel: verträumte Fischerorte, wunderschöne Küstenstraßen, herrliche Strände, Naturschutzgebiete und das Kap der Guten Hoffnung.

Die Halbinsel südlich von Kapstadt ist 51 km lang und nie breiter als 16 km. Mit den Bergketten, die an beiden Seiten von Ozeanen gesäumt sind, ist sie allein eine Reise wert. Schon im Vorort Constantia beginnt das Weinland. Hier wurde vor über 300 Jahren der erste Wein angebaut. Heute haben sich die Güter mit kapholländischen Herrenhäusern zu einer *Wineroute* zusammengeschlossen. Das kleine Örtchen Franschhoek wurde von französischen Hugenotten, die hier die ersten Reben pflanzten, gegründet und ist heute die kulinarische Hauptstadt Südafrikas. In Stellenbosch gibt es eine der besten Universitäten des Landes und viele hervorragende Weingüter. In Paarl hat Nelson Mandela die letzten Jahre seiner Haft verbracht, und durch das Tor des Paarl-Gefängnisses ging er in die Freiheit – an einem besonders heißen Tag, denn Paarl hat im Sommer mit die höchsten Temperaturen im Westkap.

Hermanus ist der Lieblingsort der Kapstädter für einen Wochenendausflug oder für die Weihnachtsferien. Das Wasser ist hier wärmer als im Atlantik vor der Metropole, und die langen weißen Strände laden zu ausgedehnten Spaziergängen ein.

Bild: Kapstadt

Herrliche Stadt mit attraktivem Umland: Anmutige Buchten, sattes Weinland und gewaltige Bergketten liegen nah beieinander

KAPSTADT (CAPE TOWN)

WOHIN ZUERST?
Greenmarket Square: idealer Ausgangspunkt, um Kapstadt zu erkunden. Vorbei an der alten City Hall geht es zur St George's Cathedral. Hinter der Kirche beginnen die Company Gardens. Stellen Sie Ihr Auto in der Long oder Loop Street oder im Parkhaus des Chr. Barnard Memorial Hospital zwischen Buitengracht und Bree Street ab.

KARTE IM HINTEREN UMSCHLAG
(130 B5–6) *(D8)* Selbst viele weit gereiste Besucher sind der Meinung, Kapstadt (3,3 Mio. Ew.) sei die schönste Stadt der Welt, und die Bewohner sind sowieso davon überzeugt. Von der besten Seite zeigt sich Cape Town, wenn Sie mit dem Schiff kommen:

KAPSTADT (CAPE TOWN)

Der Anblick der Stadt, die sich die Hänge hinaufzieht, ist überwältigend. Dazu der Tafelberg, von Dezember bis April morgens oft von Wolken bedeckt, die wie ein Tischtuch über den Berg fallen. Auf der Stadtseite der Tafelbucht liegt der Hafen. Er wurde wegen des felsigen Bodens weit ins Meer gelegt, weil man anders nicht die nötige Tiefe bekommen hätte. Der älteste Teil, die *Victoria & Alfred Waterfront,* ist heute eine Shopping Mall mit Geschäften und Restaurants.

Kapstadt lebt hauptsächlich vom Tourismus und vom Hafen. Die Kapstädter sind fröhliche Menschen und verstehen es, das Leben zu genießen. Verwöhnt von der Schönheit der Umgebung und den vielen Möglichkeiten, sich einen netten Tag zu machen, verweigern sie sich dem Stress. Alles hat Zeit, und alles braucht Zeit. So regt sich niemand auf, wenn man in der engen City minutenlang warten muss, weil jemand umständlich einparkt. Besucher aus anderen Landesteilen nennen diese Einstellung das „Kap-Koma".

Am Kap der Guten Hoffnung treffen sich zwei Ozeane, der Atlantik und der Indische Ozean. Je weiter man an der Ostküste fährt, desto wärmer wird das Wasser. Deshalb ist Hermanus das Lieblingswochenendziel der Kapstädter; das Wasser hat im Sommer angenehme 20 Grad. Berühmt ist der Ort, weil zwischen Juni und Dezember Wale in die Bucht kommen, um ihre Jungen zur Welt zu bringen. Es ist der weltweit beste Platz für Whale Watching vom Land aus. In der Nähe von Bredasdorp liegt der südlichste Punkt Afrikas, das Cape Agulhas. Dieser Teil des Kaps ist besonders beliebt bei Störchen, die hier überwintern.

Ausführliche Informationen finden Sie im MARCO POLO Band „Kapstadt".

SEHENSWERTES

BO-KAAP (MALAY QUARTER)
(U B3) *(M b3)*
Die kleinen, bunten Häuser des Stadtviertels wurden vor anderthalb Jahrhunderten von Sklaven aus Malaysia gebaut und bewohnt. Noch heute leben hier viele ihrer Nachfahren, aber seit dem Ende der Apartheid ist das Bo-Kaap ein Schmelztiegel aller Hautfarben, Kulturen und Religionen.

CASTLE OF GOOD HOPE ●
(U C5–6) *(M c5–6)*
Diese Burg von 1666 war die Residenz der ersten Gouverneure am Kap. Sie ist das älteste Gebäude Südafrikas und wurde zum Schutz der ersten Siedler als

Im Gold of Africa Museum

KAPSTADT UND UMGEBUNG

Fort mit Kanonenschächten gebaut. Hier sind eine Afrikanasammlung (Exponate aus der ersten Zeit der Besiedlung) und ein Militär- und Heeresmuseum untergebracht. *Darling Street/Ecke Buitenkant Street | Mo–Sa 9–16 Uhr | Führungen Mo–Sa 11, 12 und 14 | Eintritt 30 Rand*

DISTRICT SIX MUSEUM (U B5) (*m b5*)
Fotoausstellung über die gewaltsame Vertreibung aller Bewohner dieses Stadtteils durch die Apartheidregierung. *25 Buitenkant Street | Di–Sa 9–16, Mo 9–14 Uhr | Eintritt 30 Rand*

INSIDER TIPP GOLD OF AFRICA MUSEUM (U C3) (*m c3*)
Die Anglo-Gold-Gruppe kaufte 2001 das historische Martin Melck House, um dort eine bedeutende Sammlung westafrikanischer Goldkunstwerke und historischer Schmuckstücke aus dem südlichen Afrika zu zeigen, die die Goldschmiedekunst durch die Jahrhunderte belegt. *96 Strand Street | Mo–Sa 9.30–17 Uhr | Eintritt 40 Rand*

GROOT CONSTANTIA ● (O) (*m O*)
Dieses historische Weingut ist das älteste in Afrika überhaupt. Das Herrenhaus ist ein besonders beeindruckendes Beispiel kapholländischer Architektur. Eine Weinprobe ist möglich, und im Restaurant *Simon's (Tel. 021 7941143 | €€)* wird leicht und modern gekocht. *Groot Constantia Road | tgl. 9–17 Uhr*

JEWISH MUSEUM (U A5) (*m a5*)
Ausstellung über das Leben der jüdischen Gemeinde in Südafrika in den letzten 150 Jahren. Gleich daneben dokumentiert das *Holocaust Center* die Schicksale jüdischer Familien, die während der Hitlerdiktatur nach Südafrika geflohen sind. *88 Hatfield Street | So–Do 10–17, Fr 10–14 Uhr | Eintritt 40 Rand*

KIRSTENBOSCH NATIONAL BOTANICAL GARDENS ★ (O) (*m O*)
An den östlichen Hängen des Tafelbergs zwischen 100 und 1000 m Höhe liegen die berühmten botanischen Gärten. Hier wachsen fast alle Blumen des Landes. Im

---

MARCO POLO HIGHLIGHTS

★ Kirstenbosch National Botanical Gardens
Am schönsten ist ein Besuch im südafrikanischen Frühling, also in der Zeit zwischen August und Oktober
→ S. 51

★ Tafelberg
Mit einer Gondel können Sie auf den über 1000 m hohen Berg fahren, aber auch zu Fuß ist der Gipfel zu erreichen → S. 53

★ Kap Agulhas
Am südlichsten Punkt des Kontinents treffen Indischer und Atlantischer Ozean zusammen → S. 58

★ Kap der guten Hoffnung
Großartige Aussichtspunkte im Naturschutzgebiet gestatten einen weiten Blick aufs Meer und die Kaphalbinsel
→ S. 57

★ KWV
Interessante Weinkellertouren mit Verkostung können Sie beim größten Weinproduzenten in Paarl machen
→ S. 62

★ Stellenbosch
Die reizvolle Stadt ist die zweitälteste Südafrikas und liegt mit ihrem historischen Stadtkern inmitten eines wichtigen Weinanbaugebiets → S. 64

KAPSTADT (CAPE TOWN)

afrikanischen Restaurant *Moyo (€)* wird Frühstück und Lunch serviert. Die schönste Zeit für einen Besuch ist in der Zeit zwischen August und Oktober, dann ist die farbige Blütenpracht am größten. *Tgl. Sept.–März 8–19, April–Aug. 8–18 Uhr | Eintritt 45 Rand*

INSIDER TIPP LONG STREET SWIMMING POOL ● (U A4) (📖 a4)

Das Badehaus stammt aus dem Jahr 1908, aber es ist natürlich modernisiert. Der beheizte Swimmingpool ist 25 m lang. Auch ein Besuch der türkischen Sauna ist hier zu empfehlen. *Long Street/Ecke Orange Street | tgl. 7–19 Uhr | Eintritt 14 Rand*

PARLAMENT UND TUYNHUIS
(U A–B4) (📖 a–b4)

Auf der südlichen Seite der Government Avenue sehen Sie die Rückseite des *Parlaments*, das in den Tagungsmonaten allerdings nur nach Voranmeldung besichtigt werden kann. Daneben, in einem botanischen Garten, befindet sich das *Tuynhuis*, ehemals der Amtssitz des Präsidenten aus dem Jahr 1751. *Führungen: Tel. 021 4 87 68 00 | Eintritt frei (Pass nicht vergessen!)*

ROBBEN ISLAND MUSEUM (O) (📖 O)

Wenn Sie die Gefängnisinsel besuchen möchten, auf der Nelson Mandela und viele andere politische Gefangene inhaftiert waren, sollten Sie rechtzeitig die Fähre *(tgl. 9, 11, 13 und 15 Uhr)* buchen. Die Tour dauert drei Stunden. *Clocktower Terminal | Waterfront | Tel. 021 4 19 42 63 | infow@robben-island.org.za | Eintritt 250 Rand*

ST GEORGE'S CATHEDRAL
(U B4) (📖 b4)

Viktorianische Kathedrale der Anglikaner und Sitz des Erzbischofs. Friedensnobelpreisträger Desmond Tutu hat hier in den letzten Jahren der Apartheid sei-

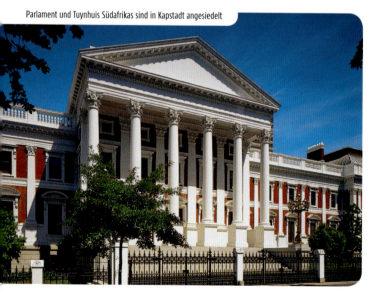

Parlament und Tuynhuis Südafrikas sind in Kapstadt angesiedelt

KAPSTADT UND UMGEBUNG

ne kritischen Predigten gehalten. *1 Wale Street/Ecke Queen Victoria Street | Mo–Fr 8–17.30, Sa/So 8–13 Uhr*

SOUTH AFRICAN NATIONAL GALLERY (U A4–5) (📖 a4–5)
Das bedeutendste Kunstmuseum Südafrikas stellt afrikanische und europäische Kunst aus. *Government Av. | Di–So 10–17 Uhr | Eintritt 30 Rand*

TAFELBERG ★ 🌿 (0) (📖 0)
In fünf Minuten erreicht die Gondel der Seilbahn den Gipfel des Tafelbergs, 1086 m über der Stadt. Es führen auch mehrere Wanderwege hinauf, z. B. die ● *Platteklip Gorge*, die an der Talstation beginnt. Von oben können Sie die Kaphalbinsel fast vollständig überblicken. Die Seilbahn fährt das ganze Jahr über, wenn das Wetter es erlaubt (Preis 205 Rand, im Sommer nach 18 Uhr zum INSIDER TIPP halben Preis). Beim *Sundowner Special* können Sie die im Atlantik versinkende Sonne beobachten. *Table Mountain Road | Bahn Mai–Nov. 8.30–17, Nov.–April 8–20 Uhr | Wetterauskunft Tel. 021 4 24 81 81*

VICTORIA & ALFRED WATERFRONT ● (U F1–2) (📖 f1–2)
Dieser älteste Teil des Hafens wurde nach der englischen Königin Victoria und ihrem zweiten Sohn Alfred benannt, der 1860 den Grundstein für das neue Hafenbecken legte. Aber die Namen werden so gut wie nie ausgesprochen: Man sagt kurz *V & A Waterfront.* Hier gibt es Restaurants für jeden Geschmack und Geldbeutel, Museen, Hotels, Theater und Kinos. In den beiden Einkaufszentren der Waterfront besitzt jedes Kapstädter Geschäft, das auf sich hält, eine Filiale. Einen Besuch lohnt das sensationelle *Two Oceans Aquarium (tgl. 9.30–18 Uhr | Eintritt 106 Rand)*, in dem Meeresbewohner des Indischen und Atlantischen Ozeans leben. *V & A Waterfront Information Centre | Mo–So 9–18 Uhr | Tel. 021 4 08 76 00 | www.waterfront.co.za*

ESSEN & TRINKEN

AUBERGINE (U A6) (📖 a6)
Der deutsche Spitzenkoch Harald Bresselschmidt verwöhnt seine Gäste in diesem Lokal mit erlesenen Gerichten. *39 Barnet Street | Tel. 021 4 65 49 09 | €€€*

BIZERCA (U C3) (📖 c3)
Tolles Restaurant zum Lunch in der Innenstadt von Kapstadt. *98 Shortmarket Street/Heritage Square | Tel. 021 4 23 88 88 | €*

BUITENVERWACHTING 🌿 (0) (📖 0)
Sehr gutes Restaurant, das, umgeben von Weinbergen, im Vorort Constantia liegt. Auch die Buitenverwachting-Weine sind zu empfehlen. *Klein Constantia Road | Tel. 021 7 94 35 22 | €€€*

CARNE (U A4) (📖 a4)
Hier bekommen Sie die besten Steaks der Stadt. Sie sollten unbedingt rechtzeitig reservieren. *70 Keeroom Street | Tel. 021 4 24 34 60 | €€*

INSIDER TIPP FOODBARN RESTAURANT ⏰ (0) (📖 0)
Besitzer Franck Dangereux hat in Spitzenrestaurants gekocht, bevor er sein eigenes in der ländlichen Umgebung von Noordhoek eröffnete. Delikate Gerichte aus hochwertigen Biozutaten. *Farm Village Lane | Tel. 021 7 89 13 90 | €*

GRAND CAFÉ & BEACH ● (0) (📖 0)
Das einzige Strandrestaurant in Kapstadt. Es liegt neben der Waterfront und ist an schönen Tagen ein Paradies, in dem der Sundowner mit den Füßen im Sand be-

KAPSTADT (CAPE TOWN)

Nach dem Shoppen in der Church Street ist eine Pause angesagt

sonders gut schmeckt. *Granger Bay | Tel. 021 4 25 05 51 | €€*

MARCO'S AFRICAN PLACE (U C3) (*c3*)
Das Beste aus den Kochtöpfen Afrikas kommt hier auf den Tisch. *15 Rose Street | Bo-Kaap | Tel. 021 4 23 54 12 | €*

MARIO'S (0) (*0*)
Seit über 30 Jahren wird hier die beste italienischen Küche Kapstadts serviert. *89 Main Road | Tel. 021 4 39 66 44 | €*

OBZ CAFÉ (0) (*0*)
Besonders beliebt bei Studenten; am Wochenende mit Livemusik. *115 Lower Main Road | Observatory | Tel. 021 4 48 55 55 | €*

THE ROUNDHOUSE (0) (*0*)
Toprestaurant in einem historischen Haus am Hang über Camps Bay. *Round House Road | Tel. 021 4 38 43 47 | €€€*

EINKAUFEN

CAPE COBRA (U F1) (*f1*)
Dies ist das beste Geschäft für edle Lederwaren wie zum Beispiel Handtaschen und Gürtel aus Straußenleder. *4th Floor | Hill House | 43 Somerset Road*

INSIDER TIPP CHRISTOFF (U F1) (*f1*)
Bester Juwelier Kapstadts in der Victoria & Alfred Waterfront, besonders die Kreationen aus Halbedelsteinen sind beliebt. *Shop 7217*

CHURCH STREET (U B4) (*b4*)
Zwischen Long Street und Burg Street zieht sich die Church Street als Fußgängerzone mit Läden, Galerien, Antiquitätengeschäften, Restaurants und Straßencafés hin. Empfehlenswert ist, neben dem Einkaufsbummel, ein Besuch in der *AVA-Galerie (35 Church Street)*, einer gemeinnützigen Einrichtung, die vor allem junge Künstler fördert.

KAPSTADT UND UMGEBUNG

EVERARD READ GALLERY (U E1) *(m e1)*
Topgalerie mit einer großen Auswahl von Werken der besten zeitgenössischen Künstler. *3 Portswood Road*

INSIDER TIPP **MONKEY BIZ**
(U B3) *(m b3)*
Projekt, das benachteiligten Frauen ein Einkommen ermöglicht. Sie stellen außergewöhnliche Objekte aus kleinen Perlen her. *43 Rose Street*

VAUGHAN JOHNSON'S WINE SHOP
(U F1) *(m f1)*
Eine tolle Auswahl an Weinen. Vaughan Johnson berät die Kunden gern und kenntnisreich. *In der Waterfront | www.vaughanjohnson.co.za*

FREIZEIT & SPORT

Im Hafen können Sie Segelboote oder Hochseeyachten mieten bei der *Waterfront Boat Company (Tel. 021 4 18 58 06)*. Wer in Kapstadt Golf spielen möchte, findet dafür gute Möglichkeiten im *Royal Cape Golf Club (Tel. 021 7 61 65 51)*. Die vier windgeschützten Clifton-Strände sind die schönsten von Kapstadt. Im Spa des Hotels ● *One & Only (Tel. 021 43 15 88 88)* in der Dock Road werden Kunden mit afrikanisch inspirierten Anwendungen verwöhnt, zum Beispiel mit dem Öl des Affenbrotbaums.

AM ABEND

Am meisten ist in den Lokalen der *Waterfront* (U F1–2) *(m f1–2)* los – oder in der *Long* und *Kloof Street* (U A4) *(m a4)*. Außerdem zu empfehlen:

CAFÉ CAPRICE ☼ (O) *(m O)*
Direkt gegenüber vom Camps-Bay-Strand trifft sich die Jeunesse dorée der Stadt zum Sundowner. *37 Victoria Road*

ORPHANAGE COCKTAIL EMPORIUM
(U A3) *(m a3)*
In-Bar mit super Cocktails in einem historischen Stadthaus. *227 Bree Street*

PLANET BAR ☼ (O) *(m O)*
Die elegant und funky eingerichtete Bar des Kolonialhotels *Mount Nelson* ist ein Muss bei einem Kapstadt-Besuch. *76 Orange Street*

ÜBERNACHTEN

AFRICAN TRAIN LODGE (U D5) *(m d5)*
Lustige und preiswerte Übernachtungsmöglichkeit mitten in der Stadt, gleich hinterm Bahnhof. Sie nächtigen in ehemaligen Schlafwagen, das Frühstück wird im Speisewagen serviert. Es gibt sogar ein Schwimmbad. *56 Zi. | Old Marine Drive | Tel. 021 4 18 48 90 | www.trainlodge.co.za | €*

THE BACKPACK (O) *(m O)*
Tolles und beliebtes Backpacker-Hotel in der Nähe des Zentrums. Unbedingt das Safarifrühstück probieren. *30 Zi. | 74 New Church Street | Tel. 021 42 34 50 | www.backpackers.co.za | €*

INSIDER TIPP **FIRE AND ICE**
(U B3) *(m b3)*
Ultracooles Hotel mit Schwimmbad, Aquarium, Kletterwand und einer Sammlung von Surfbrettern. *105 Zi. | New Church/Ecke Victoria Street | Tel. 021 4 88 25 55 | www.proteahotels.com | €*

GRAND DADDY (U C4) *(m c4)*
Das schicke Hotel mit super Bar und gutem Restaurant liegt mitten in der City. Auf dem Dach stehen amerikanische *Airstream Trailer*, die ebenfalls für Übernachtungen gebucht werden können. *26 Zi. | 38 Long Street | Tel. 021 4 24 72 47 | www.granddaddy.co.za | €€*

KAPSTADT (CAPE TOWN)

Kap der Guten Hoffnung

HOUT BAY MANOR (0) (*0*)
Das viktorianische Hotel ist aufgepeppt mit einer farbenfrohen afrikanischen Einrichtung. *21 Zi. | Baviaanskloof Road | Tel. 021 7 90 01 16 | www.houtbaymanor. com | €€€*

KOPANONG B & B (0) (*0*)
Die kleine Pension liegt im Township Khayelitsha. Die Besitzerin bietet ihren Gästen auch Führungen durch schwarze Vororte an. *3 Zi. | C 329 Velani Crescent | Tel. 021 3 612084 | www.kopanong-township.co.za | €*

STEENBERG COUNTRY HOTEL (0) (*0*)
Nur 20 Minuten von der Innenstadt entfernt finden Sie dieses elegante Hotel, umgeben von einem Golfplatz und Weinbergen. *34 Zi. | Tokai Road | Constantia | Tel. 021 713 22 22 | www.steenberghotel. com | €€€*

THE VINEYARD HOTEL & SPA ●
(0) (*0*)
In einem Park am Fuß des Tafelbergs liegt das Hotel mit der INSIDER TIPP schönsten Wellnessoase Kapstadts. Der Spa gehört zur *Banyan Tree Group*. *175 Zi. | Colinton Road | Newlands | Tel. 021 6 57 45 00 | www.vineyard.co.za | €€*

WINCHESTER MANSIONS HOTEL ✿
(0) (*0*)
Das Traditionshotel finden Sie an der Promenade in Sea Point. *76 Zi. | 221 Beach Road | Tel. 021 4 34 23 51 | www.winchester.co.za | €€*

AUSKUNFT

CAPE TOWN TOURISM VISITOR INFORMATION CENTRE (U C4) (*c4*)
Castle Street/Ecke Burg Street | Tel. 021 4 87 68 00 | www.capetowntravel.com

TOURISM CENTRE WATERFRONT (U E2) (*e2*)
Dock Road | Tel. 021 4 08 76 00

ZIELE IN DER UMGEBUNG

CHAPMAN'S PEAK DRIVE ✿
(130 B6) (*D8*)
Der Weg von *Hout Bay* zum Kap der Guten Hoffnung führt teilweise über diese

KAPSTADT UND UMGEBUNG

schöne Küstenstraße. Anfang der 1920er-Jahre wurde sie in den Fels gehauen. Mit 133 Kurven auf 10 km Länge und steilen Felsen oberhalb und dem tosenden Meer unterhalb der Straße ist das eine der spektakulärsten Küstenfahrten der Welt. Eintritt 36 Rand pro Auto. *15 km von Kapstadt*

KAP DER GUTEN HOFFNUNG ★ ☘
(130 B6) (*D8*)

Das Kap liegt an der südlichen Spitze der Kaphalbinsel, umgeben von einem Naturschutzgebiet. Es ist, entgegen landläufiger Meinung, nicht die Südspitze Afrikas. Als Bartholomëu Diaz das Kap zum ersten Mal umsegelte, nannte er es das Kap der Stürme. Weil es diesem Namen durchaus gerecht wird, sollten Sie sich vor einem Ausflug nach dem Wetter erkundigen. Vom Parkplatz fährt eine Drahtseilbahn bis auf 40 m an den *Cape Point* heran. Die letzten Meter, 133 Stufen, müssen Sie laufen. Von oben haben Sie einen atemberaubenden Blick aufs Meer und die Kaphalbinsel. *Tgl. 6–18 Uhr | Eintritt 90 Rand und Seilbahn 49 Rand | 60 km von Kapstadt*

SIMON'S TOWN (130 B6) (*D8*)

Seit über 300 Jahren ist Simon's Town (20 km südlich von Kapstadt) Marinestützpunkt. Der ideale Stopp zum Lunch ist das *Black Marlin (Millers Point | Tel. 021 7 86 16 21 | €€)*. Bei einem köstlichen Fischgericht kann man Wale beobachten. Interessant in der Umgebung ist ein Küstenabschnitt ein paar Kilometer weiter südlich: Hier lebt eine Kolonie Brillenpinguine. Von einer Aussichtsplattform können Sie das Treiben der Tiere beobachten oder am Nachbarstrand sogar mit ihnen schwimmen *(Boulders Beach | Eintritt 40 Rand | 50 km von Kapstadt)*.

BREDASDORP

(130 C6) (*E8*) Bredasdorp **(10 000 Ew.) wurde 1838 von Michiel van Breda gegründet und ist Verwaltungsmittelpunkt der Region.**

Am Boulders Beach südlich von Simon's Town leben Pinguine

FRANSCHHOEK

Besucher kommen gern hierher, um die Artenvielfalt der Kapmacchia *(Fynbos)* zu bewundern: In der Umgebung wachsen 6000 der insgesamt 8000 Pflanzenarten.

SEHENSWERTES

HEUNINGBERG NATURE RESERVE
Im botanischen Garten von Bredasdorp können Sie ebenfalls viele Arten der Kapmacchia betrachten. *Van Riebeck Street | tgl. 9–18 Uhr | Eintritt 15 Rand*

SHIPWRECK MUSEUM
Seit Mitte des 16. Jhs. gingen an der Küste bei Kap Agulhas, dem „Friedhof der Schiffe", 125 Schiffe unter. Das Museum stellt die Funde aus. *6 Independent Street | Do 9–16.45, Fr 9–16, Sa 10–16, So 11–16 Uhr | Eintritt 20 Rand*

ESSEN & TRINKEN

JULIANS
Neben seiner Töpferei hat Julian ein Restaurant eröffnet. Das Geschirr stammt aus seiner Werkstatt und zeigt immer das neueste Design des Künstlers. *22 All Saints Street | Tel. 028 4 25 12 01 | €€*

EINKAUFEN

INSIDER TIPP KAPULA GALLERY
In der Galerie werden phantasievolle Kerzen, verziert mit bunten afrikanischen Mustern, hergestellt. Sie werden in die ganze Welt exportiert. *13 Cereal Street*

ÜBERNACHTEN

FIRLANE HOUSE
Kolonialer Charme empfängt Sie im kleinen Gästehaus mit acht Zimmern, das mitten im Ort liegt. *5 Fir Street | Tel. 028 4 25 28 08 | www.firlanehouse.co.za | €€*

AUSKUNFT

CAPE AGULHAS TOURISM OFFICE
Long Street | Tel. 028 4 24 25 84 | www.tourismcapeagulhas.co.za

ZIEL IN DER UMGEBUNG

KAP AGULHAS ★ (130 C6) (*m* E8)
Das Kap ist der südlichste Punkt des afrikanischen Kontinents. Allerdings ist diese Spitze weitaus weniger spektakulär als das Kap der Guten Hoffnung. Meer und Küste sind rau. Aber ein Besuch lohnt sich, denn das Gefühl, ganz Afrika hinter sich zu haben, ist eindrucksvoll. Den aus dem Jahr 1848 stammenden Leuchtturm können Sie besichtigen *(tgl. 9–17 Uhr | Eintritt 15 Rand)*. Das *Agulhas Lighthouse Restaurant (€€)*, bietet Mahlzeiten, Snacks und Kuchen den ganzen Tag. Übernachten können Sie in der *Agulhas Country Lodge (8 Zi. | Main Road | Tel. 028 4 35 76 50 | www.agulhascountrylodge.com | €€)*. Die Küche hat einen sehr guten Ruf. *39 km von Bredasdorp*

FRANSCH-HOEK

(130 B5) (*m* D8) **In einem wunderschönen Tal liegt der kleine Weinort Franschhoek (13 000 Ew.). Er wurde 1688 von 152 Hugenotten gegründet, die Frankreich wegen ihrer Religion verlassen mussten.**

Viele von ihnen kamen aus Weinanbaugebieten. Und da ihnen das Klima gut geeignet erschien, entschlossen sie sich, es auch hier mit Reben zu versuchen. Die Besitzer der Weingüter in und um Franschhoek haben sich heute zu den *Vignerons de Franschhoek* zusammengeschlossen und sind außerdem Mitglieder

KAPSTADT UND UMGEBUNG

des Tourismusbüros. Auf fast allen Anwesen werden Weinproben angeboten.

SEHENSWERTES

INSIDER TIPP ▶ FRANSCHHOEK MOTOR MUSEUM ●
Einmalig im Land: exklusive Sammlung von mehr als 200 Oldtimern auf der Weinfarm L'Ormarins. *Di–Fr 10–17, Sa/So 10–16 Uhr | Eintritt 60 Rand*

FRANSCHHOEK PASS ● ☘
Gleich hinter Franschhoek beginnt der schönste Bergpass der Gegend. Er bietet eine herrliche Aussicht über das Wein- und Obstland. Die ersten Siedler nannten ihn Elefantenpass, weil Tierherden hier über den Berg zogen.

HUGUENOT MEMORIAL MUSEUM
Exponate zur Geschichte der aus Frankreich eingewanderten Hugenotten und des Örtchens. *Lambrecht Street | Mo–Sa 9–17, So 14–17 Uhr | Eintritt 10 Rand*

ESSEN & TRINKEN

LE BON VIVANT
Hier bekommen Sie gutes Essen zu vernünftigen Preisen. Besonders zu empfehlen sind die Suppen und die Forellengerichte. *22 Dirkie Uys Street | Tel. 021 8 76 27 17 | €*

HAUTE CABRIÈRE ☘
Über ihrem in den Berg gebauten Weinkeller haben Hildegard und Achim von Arnim dieses wunderschöne Restaurant eingerichtet. *Pass Road | Tel. 021 8 76 85 00 | €€*

REUBEN'S
Der Koch Reuben Riffel gilt als einer der besten seines Fachs in ganz Südafrika. Hier können Sie sich selbst davon über-

Weinlese ist harte Arbeit, auch wenn es nicht immer so aussieht

FRANSCHHOEK

Manor House des Weinguts Boschendal

zeugen. *Oude Stallen Centre | 19 Huguenot Road | Tel. 021 8 76 37 72 | €*

TASTING ROOM AT LE QUARTIER FRANÇAIS
Das Restaurant in dem *Relais & Chateaux Hôtel* wird regelmäßig zu einem der besten der Welt gewählt. Besonders das aus acht Gängen bestehende Menü ist ein Erlebnis, das Sie sich nicht entgehen lassen sollten. *16 Huguenot Road | Tel. 021 8 76 21 51 | €€*

EINKAUFEN

DAVID WALTERS CERAMIC GALLERY
Roubaix House ist Zuhause, Werkstatt und Galerie des bekannten Töpfers David Walters. *24 Dirkie Uys Street*

TSONGA GALLERY
Die Auswahl an Kunst und Kunstgewerbe aus ganz Afrika ist groß. *40 Huguenot Street*

ÜBERNACHTEN

AUBERGE CLERMONT
Die Gästezimmer befinden sich in einem ehemaligen Weinkeller und sind umgeben von Weinbergen. *6 Zi. | Robertsvlei Road | Tei. 021 8 76 37 00 | www.clermont.co.za | €€*

FRANSCHHOEK MANOR
Sehr schickes Boutiquehotel mit paradiesischem Garten. *8 Zi. | Dassenberg Road | Tel. 021 8 76 44 55 | www.franschhoemanor.co.za | €€*

INSIDER TIPP LA RESIDENCE
Superluxushotel in den Bergen über Franschhoek. *11 Zi. | Elandskloof Private Road | Tel. 021 8 76 41 00 | www.laresidence.co.za | €€€*

AUSKUNFT

FRANSCHHOEK WINE VALLEY AND TOURISM ASSOCIATION
62 Huguenot Road | Tel. 021 8 76 26 81 | www.franschhoek.org.za

ZIEL IN DER UMGEBUNG

BOSCHENDAL (130 B5) (*D8*)
Dieses Weingut im Drakensteintal ist eines der prächtigsten Südafrikas. Angeschlossen sind ein Restaurant und eine

KAPSTADT UND UMGEBUNG

Weinstube, wo Sie die weltbekannten Boschendal-Weine probieren können *(Weinprobe Mo–So 8.30–16.30 Uhr | Tel. 021 8 70 42 00 | €)*. Im Sommer werden die Gäste unter den alten Bäumen des Anwesens mit einem Picknick verwöhnt. *15 km von Franschhoek*

HERMANUS

(130 C6) (D8) **Zwischen Meer und hohen Bergen liegt Hermanus (25 000 Ew.). Der Ort wurde Anfang des 19. Jhs. von Farmern gegründet.**
Es dauerte damals nicht lange, bis Touristen kamen, angezogen vom Klima und von der schönen Umgebung. In der Hauptferienzeit im Dezember und Januar ist es daher fast unmöglich, ohne Vorbuchung eine Unterkunft zu bekommen. Aber in der übrigen Zeit sollten Sie es versuchen, denn das Dorf mit seinen endlosen Stränden ist ein Juwel. Zwischen Juni und November kommen die Südlichen Glattwale *(Southern Right Whales)* in Küstennähe. Hermanus gilt als einer der besten Plätze der Welt zur ● kostenlosen Walbeobachtung von Land aus.

SEHENSWERTES

OLD HARBOUR MUSEUM
Gezeigt wird, wie die Fischer früher lebten. Außerdem erfahren Sie viel über die Wale. Die Töne der Kolosse werden mittels eines Lauschmikrofons im Meer hierher übertragen. *Im alten Hafen | Mo–Sa 9–16.30, So 12–16 Uhr | Eintritt Museen 20 Rand*

ESSEN & TRINKEN

INSIDER TIPP ▶ BIENTANGS CAVE
Man sitzt spektakulär auf den Felsen direkt am Meer, und die mächtigen Wale scheinen zum Greifen nah. Spezialität – na klar: Fisch und Meeresfrüchte. *Unterhalb Marine Drive | Tel. 028 3 12 34 54 | €*

HARBOUR ROCK
Hier genießen Sie zum frischer Fisch die phantastische Aussicht über die ganze Walker-Bucht. *Site 24A, New Harbour | Tel. 028 3 12 29 20 | €€*

ROSSI'S
39 Pizzavariationen werden in diesem sehr beliebten Traditionsrestaurant angeboten. *10 High Street | Tel. 028 3 12 28 4 | €*

FREIZEIT & SPORT

Haifischtauchen ist für viele Menschen ein besonderes Abenteuer. Hier können Sie es einmal selbst erleben und den Meeresraubtieren hautnah kommen: *Great White Shark Diving (Tel. 02 83 12 42 93 | www.greatwhitesharkdiving.com)*.

LOW BUDGET

▶ Eine romantische und preiswerte Alternative zum Restaurant: ein Beach Dinner. Morgens können Sie frischen Fisch im Hafen von Hout Bay kaufen und abends am Strand grillen – und dazu den vom Weinführer *Platter's* empfohlenen Superquaffer trinken.

▶ Hotelkomfort zu Backpackerpreisen in der Long Street, der angesagten Clubstraße Kapstadts, bietet das Hotel *Daddy Long Legs (13 Zi. | 134 Long Street | Tel. 021 4 22 30 74 | www.daddylonglegs.co.za)*.

PAARL

PAARL

(130 B5) (*D8*) **Paarl (75 000 Ew.) ist die größte Stadt im Weinland. Sie wurde bereits 1717 gegründet.**

Der Name Paarl leitet sich von einem gewaltigen Felsen her, der bei einem bestimmten Sonnenstand wie eine Perle schimmert. Die jüngste Sprache der Welt, Afrikaans, wurde hier im Jahr 1875 offiziell vorgestellt. Das Sprachendenkmal erinnert daran. In Paarl wurde Nelson Mandela 1990 aus dem Gefängnis *Victor Verster,* das heute *Groot Drakenstein Prison* heißt, entlassen.

ÜBERNACHTEN

BIRKENHEAD HOUSE
Das Hotel liegt am schönsten Fleck der Steilküste oberhalb einer kleinen Bucht und punktet mit dem tollen Blick aufs Meer und einen herrlichen Strand. *11 Zi. | 119 11th Street | Tel. 028 3 14 80 00 | www.birkenheadhouse.com | €€€*

WINDSOR HOTEL
Direkt an der Steilküste befindet sich auch das Windsor Hotel, das ebenfalls schöne Ausblicke gewährt und darüberhinaus besonders mit seinem altmodischem Charme besticht. *60 Zi. | 49 Marine Drive | Tel. 028 3 12 37 27 | www.windsorhotel.co.za | €*

AUSKUNFT

HERMANUS TOURISM BUREAU
Old Station Building | Mitchell Street/Ecke Lord Roberts Street | Tel. 028 31 22 84 | www.hermanustourism.info

ZIEL IN DER UMGEBUNG

KLEINBAAI (130 C6) (*D8*)
Etwa 30 km nördlich von Hermanus gelangen Sie in den Fischerort Kleinbaai. Mitten in den Dünen bietet hier das kleine Hotel *Aire Del Mar (5 Zi. | 77 Van Dyk Street | Tel. 028 3 84 28 48 | €)* seinen Gästen viel Ruhe, eine schöne Aussicht und hervorragenden Service.
Für Bootsfahrten zu den Walen, die alljährlich in der Zeit zwischen Juni und November vor der Küste anzutreffen sind, ist ein Ausflug mit dem Boot **INSIDER TIPP** *Whale Whisperer (Tel. 02 83 84 04 06 | www.whalewatchsa.com | Ticket 900 Rand)* zu empfehlen. Das kleine Unternehmen assistiert bei wissenschaftlichen Untersuchungen über den Lebensraum der Wale.

SEHENSWERTES

KWV ★
Dies ist der rößte Wein- und Weinbrandkeller Afrikas. *Kohler Street | Führungen tgl. 10, 10.15 (in deutscher Sprache), 10.30 und 14.15 Uhr | Tel. 021 8 07 30 07 | Eintritt 35 Rand*

PAARL MUSEUM
Hier finden Sie eine interessante Ausstellung über die Architektur der Stadt, außerdem eine beeindruckende Sammlung kapholländischer Möbel. *303 Main Road | Mo–Fr 10–16, Sa 9–13 Uhr | Eintritt 10 Rand*

ESSEN & TRINKEN

MARC'S
Drinnen oder draußen: Unter Zitronenbäumen im Garten oder in gemütlichen Zimmern serviert der Deutsche Marc mediterrane Gerichte. *129 Main Street | Tel. 021 8 63 39 80 | €*

PROVIANT
Das Proviant ist das richtige Restaurant für Besucher, die gern einmal *Boerekos,*

KAPSTADT UND UMGEBUNG

die traditionelle Küche der Afrikaaner, probieren möchten. *54 Main Road | Tel. 021 8 63 09 40 | €*

ÜBERNACHTEN

PONTAC MANOR
Eines der ältesten Farmhäuser der Stadt, umgeben von alten Eichen. *23 Zi. | 16 Zion Street | Tel. 021 8 72 04 45 | www.pontac.com | €€*

RODEBERG LODGE
Die kleine und preiswerte Pension ist in einem renovierten viktorianischen Haus untergebracht. *6 Zi. | 74 Main Street | Tel. 021 8 63 32 02 | www.rodeberglodge.co.za | €*

AUSKUNFT

PAARL TOURISM BUREAU
216 Main Street | Tel. 021 8 72 48 42 | www.paarlonline.com

ZIELE IN DER UMGEBUNG

WELLINGTON (130 B5) (*D8*)
Das verträumte Städtchen (35 000 Ew.) wurde erst 1837 gegründet, deshalb sind viele der Häuser im viktorianischen Stil gebaut. Die *Wellington Wine Route* gewinnt immer mehr an Bedeutung. Auf dem historischen Weingut **INSIDER TIPP** *Doolhof* wurde das Herrenhaus zum Landhotel *Grand Dédale (7 Zi. | Rustenburg Road | Tel. 021 8 73 40 89 | www.granddedale.com | €€)* umgebaut. Ein Paradies für Weinlieber und Sportbegeisterte, denn vom Reiten bis zum Angeln wird vieles geboten. *20 km von Paarl*

WILDERER'S DISTILLERY
(130 B5) (*D8*)
Zwischen Paarl und Franschhoek braut der Deutsche Helmut Wilderer auf einer kleinen Farm die besten Schnäpse des Kaps *(tgl. 10–17 Uhr)*. Im Restaurant der Destillerie wird ein leichtes Mittag-

Zu einer großen Weinkellerei gehören wohl auch große Fässer: Keller der KWV

STELLENBOSCH

essen angeboten *(an der R 45 | Tel. 021 8 63 35 55 | €)*. 7 km von Paarl

STELLEN-BOSCH

(130 B5) (*D8*) ⭐ **Die Umgebung von Stellenbosch (100 000 Ew.) gehört zu den wichtigen Weinanbaugebieten Südafrikas, und die Stadt selbst ist besonders schön.**

Der Name Stellenbosch geht auf Simon van der Stel zurück, der 1679 beschloss, hier eine Siedlung zu gründen. Beim Spaziergang durch die von alten Eichen gesäumten Straßen der Stadt werden Sie sich in die Gründerzeit zurückversetzt fühlen und die heitere Atmosphäre genießen, zu der auch die Studenten der Universität ihren Teil beitragen. Der historische Kern der zweitältesten Stadt Südafrikas mit Häusern verschiedener Stile (u. a. kapholländisch und viktorianisch) ist gut erhalten.

SEHENSWERTES

DORP STREET ●
In der ältesten Straße der Stadt stehen viele denkmalgeschützte Häuser, die oft mit kunstvollen Giebeln versehen sind. Die lutherische Kirche aus dem Jahr 1851 beherbergt heute die Kunstgalerie der Universität. *Oom Samie se Winkel (84 Dorp Street | Tel. 021 8 87 07 97 | €)* ist ein alter Tante-Emma-Laden, in dem

Das Village Museum zeigt exemplarisch, wie die Menschen in Stellenbosch früher lebten

Sie neben Lebensmitteln auch z. B. Antiquitäten kaufen können. Im Garten werden kleine Gerichte serviert.

VILLAGE MUSEUM
Das Museum zeigt in vier Häusern aus verschiedenen Epochen, wie die Bürger Stellenboschs in der Zeit zwischen Anfang des 18. Jhs. und Mitte des 19. Jhs. lebten. Das *Schreuder-Haus* (1710) wurde von dem Deutschen Sebastian Schröder gebaut. Es ist das älteste Stadthaus Südafrikas. Das *Bletterman-Haus* ist im Stil der Jahre 1760 bis 1780 eingerichtet. Das neoklassizistische doppelstöcki-

KAPSTADT UND UMGEBUNG

ge *Grosvenor-Haus* repräsentiert den Stil der ersten Jahrzehnte des 19. Jhs., und das *Om-Bergh-Haus* war das Heim der Familie von Marthinus Bergh, die hier um 1850 lebte. *18 Ryneveld Street | Mo–Sa 9–17, So 10–16 Uhr | Eintritt 30 Rand*

ESSEN & TRINKEN

APPRENTICE
In dem kleinen Restaurant zaubern die Schüler der Kochakademie überraschend leckere Gerichte. *Oudehoek Centre | Andriga Street | Tel. 021 8 88 89 85 | €*

MAKARON
Das Restaurant im Boutiquehotel *Majeka House* ist eines der besten in Stellenbosch. *Houtkapper Street 26–32 | Paradyskloof | Tel. 021 8 80 15 12 | €€*

WIJNHUIS
Straßenbistro und Restaurant im Herzen des Örtchens. Weinbar mit einer großen Auswahl. *Church Street/Andringa Street | Tel. 021 8 87 58 44 | €€*

EINKAUFEN

BOEZAART BAUERMEISTER
Die beiden Designerinnen sind bekannt für ihre delikaten Schmuckstücke, die von Spitze inspiriert sind. *Church Street/Ecke Ryneveld St.*

SMAC GALLERY
Hier wird moderne südafrikanische Kunst verkauft. *De Wet Centre | Church Street*

AM ABEND

TERRACE
Ein besonders bei Studenten beliebter Pub, in dem nicht so sehr am Wochenende, sondern mittwochabends der Teufel los ist. *Bird Street/Ecke Alexander*

ÜBERNACHTEN

BATAVIA BOUTIQUE HOTEL
Elegantes Gästehaus mit einem kleinen Schwimmbad und einer beeindruckenden Kunstsammlung. *5 Zi. | 12 Louw Street | Tel. 021 8 87 29 14 | www.batavia-stellenbosch.co.za | €*

INSIDER TIPP COOPMANHUIJS BOUTIQUE HOTEL
Ganz zentral liegt das prächtige Stadthaus aus dem Jahr 1713, in dem heute ein kleines Hotel untergebracht ist. *14 Zi. | 33 Church Street | Tel. 021 8 83 82 07 | www.coopmanhuijs.co.za | €€*

AUSKUNFT

STELLENBOSCH TOURISM BUREAU
36 Market Street | Tel. 021 8 83 35 84 | www.stellenboschtourism.co.za

ZIELE IN DER UMGEBUNG

MEERLUST (130 B5) (*D8*)
Weingut im Besitz der Familie Myburgh, die sehr gute Rotweine und außerdem einen tollen Weißwein (Chardonnay) produziert. Die Gebäude sind schöne Beispiele kaphölländischer Architektur. Meerlust ist eines der vielen Weingüter, die für Weinproben geöffnet sind. *Tel. 021 8 43 35 87 | www.meerlust.co.za | 15 km von Stellenbosch*

STELLENBOSCH WINE ROUTES
(130 B5–6) (*D8*)
Ein Paradies für Weinliebhaber: Im Umkreis von Stellenbosch sind 114 Güter für Weinproben geöffnet. *Auskunft: Stellenbosch Wine Routes (36 Market Street | Tel. 021 8 86 43 10 | www.wineroute.co.za).* Führungen bietet *Vineyard Ventures (Tel. 021 4 34 88 88 | www.vineyardventures.co.za)* an.

FREISTAAT

Der Freistaat ist umgeben von den Nordprovinzen, KwaZulu-Natal und den Kapprovinzen. So wie Natal „englisch" ist, ist der Freistaat „afrikaans".

Die Provinz liegt auf einem Hochplateau. Sie ist weitgehend flach und von endlosen Feldern und Grasflächen bedeckt, doch Abwechslung gibt es auch. Im Osten liegen Bergketten, deren Gipfel im Winter schneebedeckt sind. Um die Schönheit dieser Gegend zu erkunden, bietet sich die Hochlandroute zwischen Harrismith im Nordosten und Zastron im Süden an. Sie führt durch landschaftlich reizvolle Gebiete mit spektakulären Aussichten und birgt archäologische Schätze wie Felsmalereien, die prähistorische Bewohner hinterlassen haben. Nelson Mandela beschreibt diese Landschaft in seiner Biographie so: „Der Freistaat beglückt mein Herz, ganz gleich wie meine Stimmung ist. Wenn ich hier bin, habe ich das Gefühl, dass nichts mich beengt. Meine Gedanken können bis zum Horizont schweifen."

Der Freistaat wurde von den Treckburen gegründet, nachdem sie den Oranje-Fluss überquert hatten, deshalb hieß die Provinz bis zum Ende der Apartheid auch Oranje-Freistaat. Die Stadt Bethlehem verdankt ihren Namen ebenfalls den frommen Treckburen, die sie, überwältigt von der Landschaft der Umgebung, nach dem Geburtsort Jesu benannten. Dem Fluss gaben sie den ebenso biblischen Namen Jordan. Ganz in der Nähe, am Fuß der Maluti-Berge, liegt der *Golden Gate Highlands National Park* mit

Bild: Rundhüttendorf der Zulu

Farmland im Herzen Südafrikas: Mais- und Getreideanbau, Wanderidyll und Wildparks auf weiten Hochebenen

seinen auffälligen Sandsteinformationen und vielen Tieren.

Hoch in den Bergen versteckt sich *Qwaqwa*. Dieses Gebiet, eine Märchenwelt mit hohen Berggipfeln und sanften, hügeligen Wiesen in über 2000 m Höhe, bildet die Heimat des Basotho-Volks. Wanderfreunde können eine Landschaft von unglaublicher Schönheit entdecken. Das Kunsthandwerk der Basotho ist berühmt, besonders die handgewebten Wollteppiche, die in vielen Geschäften angeboten werden.

Im Nordosten des Freistaats liegt das Riemland. Dieser Name geht auf die Massenschlachtung der riesigen Wildherden, die hier einst grasten, zurück. Die Buren verkauften die getrockneten, in schmale Riemen geschnittenen Felle. Heute gibt es außer dem Nationalpark auch viele private Wildfarmen, die Tiere wie den Springbock, das südafrikanische Nationaltier, züchten. Solche Farmen können Sie an den besonders hohen Zäunen erkennen. In der Mitte der Provinz liegen die *Goldfields*, deren Gens# BLOEM-FONTEIN

BLOEM-FONTEIN

biet 50 mal 16 km umfasst. Es gilt als das reichste zusammenhängende Goldgebiet der Welt. Hier wird heute mehr als ein Drittel des südafrikanischen Goldes gefördert.

Die ersten Spuren des Edelmetalls wurden schon 1903 entdeckt. Aber erst 30 Jahre später begann man mit Schürfversuchen. Nach dem Zweiten Weltkrieg in-

(132 B2) (*H5*) **Bloemfontein (450 000 Ew.) ist die Hauptstadt des Freistaats und der Sitz des Obersten Gerichtshofs des Landes.**

First Raadsaal, das älteste Gebäude von Bloemfontein

vestierte das Unternehmen *Anglo-American Corporation* viele Millionen Dollar in Bohrungen und geologische Untersuchungen. Seitdem ist die Gegend Mittelpunkt einer hochmodernen Bergbauindustrie.

Über das Örtchen Ladybrand erreichen Sie das unabhängige Lesotho. Es wird auch das Königreich in den Wolken genannt, weil es eines der wenigen Länder ist, das vollständig über 1000 m hoch liegt – und natürlich weil es einen König gibt, King Letsie III.

Wegen seiner Gärten und Parks wird Bloemfontein auch die Rosenstadt Südafrikas genannt: Die Lage in einer Höhe von 1400 m sorgt dafür, dass die Sommer nicht zu heiß, die Winter nicht zu kalt sind. Die Geschichte der Stadt geht zurück auf das Jahr 1840, als sich der Voortrekker Johannes Nicolas Brits hier niederließ. Er nannte seine Farm nach dem, was er bei seiner Ankunft vorfand: eine Quelle, umgeben von Blumen. Über die Jahrzehnte mischten sich in Bloemfontein burische und britische Einflüsse.

FREISTAAT

> **WOHIN ZUERST?**
> Der **Herzog Square** befindet sich mitten in der Stadt, umringt vom Rathaus, dem Nationalmuseum und dem Fourth Raadsaal. An der President Brand Street, die zum First Raadsaal führt, liegt der Oberste Gerichtshof. Parken können Sie direkt in der President Brand Street.

SEHENSWERTES

FIRST RAADSAAL
Das älteste Gebäude von Bloemfontein entstand 1848. Hier wurde das Fundament für Regierung, Kirche und Schulbildung im Freistaat gelegt. *St Georges Street | Mo–Fr 10–13, Sa/So 14–17 Uhr | Eintritt frei*

NATIONAL MUSEUM
Sehr große Fossiliensammlung, interessante archäologische Funde und eine übersichtliche Ausstellung zur Geschichte des Freistaats. *36 Aliwal Street | Mo–Fr 8–17, So 12–17 Uhr | Eintritt 5 Rand*

ESSEN & TRINKEN

CARAMELLOS
Schicker Deli mit Terrasse; selbstgebackenes Brot und andere Backwaren. *Preller Sq., Shop 6 | Louw Wepener Street | Tel. 051 4 36 52 83 | €*

THE RAJ
Schickes Restaurant mit authentischer indischer Küche. *Windmill Casino | Janpierewit Street | Tel. 051 4 21 00 34 | €€*

SEVEN ON KELLNER
Die Gerichte sind eine Mischung aus der Küche Nordafrikas und des Mittelmeers. *7 Kellner Street | Tel. 051 4 47 79 28 | €€€*

ÜBERNACHTEN

DE OUDE KRAAL
Das schönste Hotel Bloemfonteins liegt 35 km südlich der Stadt. Die Besitzer haben auf der Schafsfarm ein Gästehaus eröffnet, das von einem schönen Park und 10 km² Weideland umgeben ist. Empfehlenswertes Restaurant. *13 Zi. | N 1 Ausfahrt Riversford | Tel. 051 5 64 06 36 | www.deoudekraal.com | €€*

HOBBIT BOUTIQUE HOTEL
Den Namen erhielt das kleine Hotel nach dem berühmtesten Sohn der Stadt, John Ronald Reuel Tolkien, und seinen Phantasiefiguren aus dem Buch „Der Herr der Ringe". Zu empfehlen ist das Drei-Gänge-Menü am Abend. *9 Zi. | 19 President Steyn Av. | Tel. 051 4 47 06 63 | www.hobbit.co.za | €*

AUSKUNFT

BLOEMFONTEIN TOURISM
60 Park Street | Tel. 051 4 05 84 90 | www.bloemfonteintourism.co.za

ZIELE IN DER UMGEBUNG

INSIDER TIPP BASOTHO CULTURAL VILLAGE ● (132 C2) (*ω K5*)
Nur 20 km östlich des Haupttors des Golden Gate National Parks befindet sich

---

MARCO POLO HIGHLIGHTS

★ **Golden Gate Highlands National Park**
Beeindruckende Sandsteinfelsen → S. 70

★ **Lesotho**
Das unabhängige Bergkönigreich befindet sich mitten in Südafrika → S. 71

BLOEM-FONTEIN

dieses Museumsdorf. Hier wird den Besuchern gezeigt, wie die Basotho seit Jahrhunderten in diesem Teil Südafrikas und Lesothos leben. Vor Rundhütten aus Stroh empfangen Frauen in traditionellen Kleidern die Gäste. *Mo–Fr 8–17, Sa/So 8.30–17 Uhr | Eintritt und Führung 60 Rand. 200 km von Bloemfontein*

GOLDEN GATE HIGHLANDS NATIONAL PARK ★ (132 C2) (*K5*)

Das Naturschutzgebiet der Golden Gate Highlands verdankt seinen Namen den großartigen Sandsteinfelsen, die im Licht der Sonne golden schimmern. Der Nationalpark befindet sich am Fuß der Maluti-Berge. Auf 120 km² leben in spekta-

Sandsteinfelsen im Sonnenlicht: Golden Gate Highlands National Park

CLARENS (132 C2) (*K5*)

Der kleine Ort ist ideal für einen Zwischenstopp auf dem Weg zum *Basotho Cultural Village*. Hier haben sich viele Künstler niedergelassen. Ihre Arbeiten werden in der *Art and Wine Gallery* in der Main Street ausgestellt. Übernachten können Sie im *Lake Clarens Guest House (4 Zi. | 401 Church Street | Tel. 058 2 56 14 36 | www.lakeclarensgh.co.za | €)*. Das Restaurant *Clementines (Church Street | Tel. 058 2 56 16 16 | €€)* ist fürs Abendessen zu empfehlen. 240 km von Bloemfontein

kulärer Umgebung viele einheimische Tiere. In den Felsen der Berge nisten Adler. Im Park gibt es als Übernachtungsmöglichkeit für Besucher zwei Camps, in denen Hütten vermietet werden, und das *Golden Gate Hotel (20 Zi. | €). R 49 zwischen Bethlehem und Harrismith | Tel. 058 2 55 10 00 | 180 km von Bloemfontein | Eintritt 120 Rand*

LADYBRAND (132 B1) (*J5*)

Der Ort liegt, umgeben von den majestätischen *Maluti Mountains*, gleich an der Grenze zu Lesotho. Historische Sand-

FREISTAAT

steinhäuser säumen breite Straßen – ungewöhnlich für ein Städtchen dieser geringen Größe. Ladybrand wurde 1867 als Verteidigungsposten der Afrikaaner gegen die Basotho-Völker gegründet. Heute profitiert man vom regen Handel mit Lesotho. Ganz im Stil der Gründerzeit können Sie in dem netten B & B *Villa on Joubert (7 Zi. | 47 Joubert Street | Tel. 051 9 24 18 14 | www.villaonjoubert.com | €)* übernachten.

LESOTHO ★
(132–133 B–D 2–3) *(ﾑ J–K 5–6)*
Das unabhängige Königreich inmitten einer Berglandschaft ist etwa so groß wie Belgien. Hier leben seit Anfang des 19. Jhs. die Basotho. Das Dach Afrikas, wie Lesotho auch genannt wird, ist landschaftlich außergewöhnlich schön, aber touristisch nach wie vor unterentwickelt – auch wenn es das Bestreben der Regierung ist, das Land als Reiseziel bekannter zu machen. Der 20 km lange, 1300 m hoch gelegene *Sani Pass* ist die einzige Straßenverbindung zwischen Lesotho und KwaZulu-Natal.
Die komfortabelste Übernachtungsmöglichkeit in Maseru ist das *Lesotho Sun (210 Zi. | Tel. 00266 22 33 13 11 | www.suninternational.com | €€)*. Die *Malealea Lodge (20 Zi. | Tel. 082 5 52 42 15 | €)* liegt in einem abgelegen Teil im Westen des Königreichs. Die Gäste wohnen hier, umgeben von landschaftlicher Schönheit, in Rundhütten.
Die Lodge ist der ideale Ausgangspunkt für Ponytrekking in den Bergen *(von Maseru über Motsekuoa nach Malealea).* Auf Straßenmärkten verkaufen die Basotho Stroharbeiten wie zum Beispiel den Spitzhut *mokorotlo*, die traditionelle Kopfbedeckung der Bevölkerung. Dieses nationale Symbol ziert seit 2006 in stilisierter Form auch wieder die Nationalflagge und hat damit die früheren kriegerischen Symbole ersetzt. *120 km von Bloemfontein*

WELKOM (132 B1) *(ﾑ J4)*
Welkom ist das pulsierende Herz der Goldfelder. Die Stadt wurde auf dem Reißbrett geplant, und das merkt man noch heute. Es gibt keine Ampeln und nur ganz wenige Stoppstraßen – Kreisverkehr ist die Devise. Beliebt ist das *Siete's Restaurant (Rovers Club | Tempas Road | Tel. 057 3 52 65 39 | €)*. Ein aufregendes Erlebnis ist der Besuch einer der Goldminen. Eine Tagestour muss im Voraus über *Welkom Tourism (Tel. 057 3 52 92 44)* gebucht werden. Welkom bietet auch zahlreichen Vogelarten eine Heimat. In den kleinen Teichen in der Umgebung der Stadt finden Flamingos und viele andere Vögel einen idealen Lebensraum. *180 km von Bloemfontein*

LOW BUDG€T

▶ Afrikaans, die Sprache der Buren, ist die jüngste Sprache der Welt. Wenn Sie mehr darüber erfahren möchten, sollten Sie das *National Afrikaans Literature Museum (President Brand Street | Eintritt frei)* in Bloemfontein besuchen.

▶ Zwei Tage Reiten all-inclusive für den kleinen Preis von 800 Rand: Im Western Style geht es durch einen Wildpark in die Bergkette an der Grenze zu Lesotho. Übernachtet wird in einer Berghütte. Ein Geländewagen bringt Bettzeug und Verpflegung. *Bokpoort Farm (Tel. 083 7 44 42 45 | www.bokpoort.co.za)* in der Nähe des kleinen Örtchens Clarens.

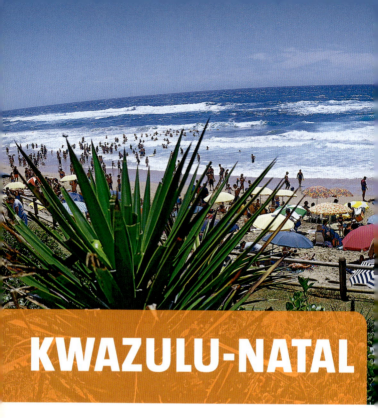

KWAZULU-NATAL

Schönheit und Verschiedenartigkeit der Landschaft in der kleinen Provinz KwaZulu-Natal sind beeindruckend: vom typisch afrikanischen Buschland im Norden bis zu breiten Stränden am Indischen Ozean mit subtropischem Klima, von grünen, von Flüssen durchzogenen Hügeln bis zu den für viele als schönste Bergkette der Welt geltenden Drakensbergen.

Die Mischung aus europäischen, afrikanischen und asiatischen Kulturen, die das Land prägt, ist faszinierend. Ein großer Teil Natals war von 1820 bis 1880 das Königreich Zululand. In diesem Gebiet leben noch heute die Nachfahren der berühmten Zulu-Krieger. Ihr Ruf und der ihrer Führer Shaka und Dingaan ist weit über die Grenzen des Landes gedrungen. 1838 erreichten die ersten Treckburen Natal. Die Zulu griffen das Hauptlager der Buren an und töteten einige Hundert Menschen. Die Rache der Buren war schrecklich. Bei der berühmten Schlacht am Blutfluss schlugen sie die Zulu-Armeen vernichtend und erklärten das Gebiet zu ihrer Republik. 1843 jedoch wurde es britisch.

DURBAN

(133 E3) (*M L6*) **Mit seinen weiten, weißen Stränden am Indischen Ozean ist Durban (3,5 Mio. Ew.) das Urlaubsmekka der Südafrikaner.**

An 300 Tagen im Jahr scheint die Sonne. Wer heute in diese große, pulsierende

Bild: Strandleben bei Umhlanga Rocks

Heimat der Zulu – Berge und Strände: Die Provinz am Indischen Ozean bietet Reisenden viel Abwechslung

> **WOHIN ZUERST?**
> Natürlich an die **Golden Mile**, eine 6 km lange Strandpromenade an der Marine Parade. Sie beginnt am South Beach und führt am WM-Stadion vorbei bis zum Point, der Einfahrt zum Hafen. Parken können Sie in der Ordnance Road.

Hafenstadt kommt, kann sich nicht vorstellen, dass hier vor 150 Jahren nichts anderes war als Urwald mit Löwen und Elefanten. Die Zulu nennen die Stadt noch immer *eThekwini* – die ruhige Lagune.

Ende 1497 sah Vasco da Gama dieses paradiesische Land auf seinem Weg nach Asien zum ersten Mal. Da es Weihnachten war, nannte er es Natal: das portugiesische Wort für Weihnachten. Erst 1835 wurde die Siedlung in Durban umbenannt, nach Sir Benjamin D'Urban, der Mitte des 19. Jhs. britischer Gouverneur am Kap war. Viele Einwohner Durbans

DURBAN

sind Nachfahren der von englischen Kolonialherren aus Indien geholten Arbeiter für die Zuckerrohrplantagen. Die indischen Märkte, Moscheen und Geschäfte gehören zu den Attraktionen Durbans, das sich als Mischung vieler Kulturen präsentiert. Der Hafen von Durban ist, was Umschlag und Fläche anlangt, der größte des Landes.

Über ihn können Besucher laufen *(Eintritt 80 Rand)* oder mit einer Drahtseilbahn fahren *(55 Rand)*. Das Beste ist aber *Bungee Jumping* vom höchsten Punkt für 595 Rand. *Tgl. 9–18 Uhr*

Durban, die Stadt am Meer, dem Urwald abgetrotzt

SEHENSWERTES

KWAMULE MUSEUM
Das KwaMule Museum ist ganz der neuen Geschichte Südafrikas gewidmet – deshalb wird es auch häufig Apartheidsmuseum genannt. *130 Braam Fischer Road | Mo–Sa 8.30–16 Uhr | Eintritt frei*

MOSES MABHIDA STADIUM ★
Dieses Stadion ist für viele das schönste, das für die Fußball-WM 2010 gebaut wurde. Ein 350 m langer und 106 m hoher Bogen spannt sich über die Sportstätte.

USHAKA MARINE WORLD
Die Mischung aus Aquarium und Erlebnispark erinnert ein wenig an Disneyland, nur mit Zuluhütten. Fische über 1000 verschiedener Arten und andere Meerestiere schwimmen und krabbeln in den mit viel Phantasie angelegten Aquarien. Die gut besuchten Shows im Delphinarium finden dreimal täglich, um 10.30, 13.30 und 15.30 Uhr, statt. *Am Hafen in der Point Road | Eintritt 139 Rand*

ESSEN & TRINKEN

CAFÉ 1999
Kleines Restaurant mit leckeren Gerichten. Besonders die Nachspeisen sind im Café 1999 zu empfehlen. *117 Vause Road | Berea | Tel. 031 2 02 34 06 | €*

KWAZULU-NATAL

CAPSICUM
Indische Eintöpfe und die besten *Bunny Chows* (mit Curry gefüllte Brötchen) der Stadt. *1299 Umgeni Road | Tel. 031 3 03 22 66 | €*

HARVEY'S RESTAURANT
Klassische Gerichte in stilvoller Atmosphäre. *465 Innes Road | Morningside | Tel. 031 3 12 57 06 | €€€*

ROMA REVOLVING RESTAURANT
Bei herrlichem Blick können Sie hier die Küche des Mittelmeers genießen. *John Ross House | 22. Stock | Victoria Embankment | Tel. 031 3 37 67 07 | €€*

EINKAUFEN

AFRICAN ART CENTRE
Kunst und Kunsthandwerk von Zulu-Künstlern. *94 Florida Road*

VICTORIA STREET MARKET
An rund 180 Ständen werden Gewürze, Fisch, Fleisch, Schmuck etc. angeboten; reizvolle Mischung afrikanischer und indischer Waren. *Victoria Street*

FREIZEIT & SPORT

Der *Windsor-Park-Golfclub (Tel. 031 3 12 73 54)* verfügt über einen 9-Loch- und einen 18-Loch-Course. Wer mit Delphinen paddeln möchte, kann das bei *Calypso Dive (Tel. 031 3 32 09 05)* tun. Hafenrundfahrten starten am *Pleasure Cruise Terminal* im Hafen.

AM ABEND

CZAR
In der Partymeile *Florida Road* finden Sie den angesagten Club mit Restaurant und Tapasbar: der beste Nightlifespot der Stadt. *178 Florida Road*

MOYO USHAKA BAR ●
Designergestylte Bar auf dem uShaka-Pier direkt über den Fluten. Es gibt in Durban keinen besseren Platz für einen Sundowner. *1 Bell Street*

ÜBERNACHTEN

EDWARD HOTEL
Elegantes Hotel mit einem spektakulären Blick auf den Indischen Ozean. *240 Zi. | 149 O.R. Tambo Parade | Tel. 031 3 37 36 81 | www.proteahotels.com | €€*

ESSENWOOD HOUSE
Das kleine viktorianische Hotel liegt hoch über Durban im Vorort Berea und ist doch nur wenige Kilometer von der City entfernt. *7 Zi. | 630 Stepheri Dlamini Road | Tel. 031 2 07 45 47 | www.essenwoodhouse.co.za | €*

QUARTERS ON FLORIDA
Super geführtes Hotel. Die Gäste bekommen nicht nur Blumen, sondern auch hausgemachte Kekse in die hübschen

---

MARCO POLO HIGHLIGHTS

★ **Moses Mabhida Stadium**
Das Stadion ist architektonisch sehr gelungen. Es liegt direkt am Indischen Ozean → S. 74

★ **Umhlanga Rocks**
Beliebter Ferienort am Indischen Ozean → S. 77

★ **Valley of a Thousand Hills**
Herrliche Aussicht von sanft gewölbten Hügeln → S. 77

★ **Drakensberge**
Die Alpen Südafrikas – ein Erlebnis nicht nur für Bergsteiger und Wanderer → S. 79

DURBAN

Zimmer gestellt. *23 Zi. | 101 Florida Road | Morningside | Tel. 031 3 03 52 46 | www.quarters.co.za | €€*

AUSKUNFT

DURBAN TOURISM
160 Pine Street | Tel. 031 3 66 75 00 | www.zulu.org.za

ZIELE IN DER UMGEBUNG

HLUHLUWE-UMFOLOZI PARK
(133 E–F 1–2) (*M* L–M 4–5)
Auf einer Fläche von 960 km² können Sie hier – und in KwaZulu-Natal nur hier – die *Big Five* und dazu natürlich auch noch andere Tiere der Savanne sehen. Faszinierend sind die große Artenvielfalt und die landschaftliche Schönheit. Der Park ist das älteste Wildreservat Südafrikas, er besteht bereits seit 1895. *Tgl. Nov.–Feb. 5–19, März–Okt. 6–18 Uhr | Eintritt 110 Rand. 180 km von Durban*

ISIMANGALISO WETLAND PARK
(133 E–F 1–2) (*M* M4–5)
Der Park hat fünf Ökosysteme (Seen, Meer, Dünen, Savanne, Sümpfe) und erstreckt sich entlang des Indischen Ozeans. Das ist so ungewöhnlich, dass die Unesco ihn zum Welterbe der Menschheit erklärt hat *(tgl. 6–18 Uhr | Eintritt 25 Rand/Person und 20 Rand für das Auto)*. Im Norden des Parks, 180 km von Durban, liegt die INSIDERTIPP *Thonga Beach Lodge (24 Zi. | Tel. 035 4 74 14 73 | www.isibindiafrica.co.za | €€)* direkt an einem einsamen und endlosen Strand. Die Gäste wohnen in komfortablen strohgedeckten Rundhäusern.

SWASILAND
(129 E–F 4–5) (*M* L–M 3–4)
Wenn Sie von Durban aus 300 km auf der N 2 in Richtung Norden fahren, kommen Sie nach Swasiland, einem kleinen, unabhängigen Königreich mit der Hauptstadt *Mbabane* und dem Kö-

Giraffen im Hluhluwe-Umfolozi Park

KWAZULU-NATAL

Welterbe der Menschheit: iSimangaliso Wetland Park am Indischen Ozean

nigssitz im *Ezulwini-Tal*. Übernachten kann man im Gästehaus des Königs, den INSIDER TIPP *Royal Villas Hotel (68 Zi. | Tel. 00268 (0)241 6 70 35 | www.royalvillas.co.sz | €€)*. Das Land ist nach Gambia der zweitkleinste Staat des afrikanischen Festlands. Es gibt sechs landschaftlich reizvolle Nationalparks. *Big Game Parks (Tel. 00268 (0)252 8 39 44 | www.biggameparks.org)*

UMHLANGA ROCKS ★
(133 E3) (*M L5*)

Das Ferienziel am Indischen Ozean, herrlich geeignet zum Baden und Sonnen, liegt 20 km nordöstl. von Durban. Die Hotels befinden sich direkt am Strand, z. B. das *Oysterbox Hotel (86 Zi. | 2 Lighthouse Road | Tel. 031 5 15 50 00 | www.oysterboxhotel.com | €€€)*.
Ein kleines Paradies zum Übernachten finden Sie ca. 30 km nördlich in *Ballito*: die *Zimbali Lodge (76 Zi. | Tel. 032 5 38 10 07 | www.fairmont.com/zimbali-lodge | €€€)*. Oberhalb der Dolphin Coast, umgeben von Wäldern, bietet das Hotel Zimmer und Gerichte der Spitzenklasse an. Außerdem gibt es hier einen 18-Loch-Golfplatz.

VALLEY OF A THOUSAND HILLS ★
(133 E2) (*M L5*)

Vom Botha's Hill haben Sie einen spektakulären Blick über Hügel und Täler. *Auskunft: 1000 Hills Tourism (Tel. 031 7 77 18 74 | www.1000hills.kzn.org.za)*. Im *Phezulu Safari Park (tgl. 8.30–16.30 |*

LOW BUDGET

▶ Die *Durban Art Gallery (City Hall | Smith St.)* war die erste Galerie in Südafrika, die Werke schwarzer Künstler gekauft hat. Die Sammlung ist beeindruckend, der Eintritt frei.

▶ Wer nicht unbedingt den Erlebnispark in der uShaka Marine World in Durban besuchen will, aber doch an Fischen interessiert ist, der kann vom Parkplatz, ohne den Eintritt bezahlen zu müssen, zum Village Walk gehen. Dort hat man Ausblick auf das Haifischbecken, die Delphine und ein Unterwasseraquarium, wo Besucher mit den Haien tauchen können.

PIETER-MARITZBURG

Zulu in traditioneller Kleidung

Eintritt 130 Rand) werden in einem Kraal traditionelle Zulutänze aufgeführt. *30 km von Durban*

PIETER-MARITZBURG

(133 E2) (*L5*) In einem weiten Tal liegt, von grünen Hügeln umgeben, Pietermaritzburg (45 000 Ew.). Der alte Stadtkern mit Häusern aus der viktorianischen Ära zeigt den Einfluss der britischen Kolonisten.

Aber gegründet wurde die Stadt von Treckburen, die auch ihre Spuren hinterließen. Sie errichteten die Republik Natalia mit der Hauptstadt Pietermaritzburg, so benannt nach ihren beiden Führern Piet Retief und Gerrit Maritz.

SEHENSWERTES

HOWICK FALLS
Der Umgeni-Fluss stürzt hier spektakuläre 111 m in die Tiefe. *An der Straße nach Howick, 15 km außerhalb*

TATHAM ART GALLERY ●
Zur großen Sammlung zeitgenössischer südafrikanischer und internationaler Kunst gehören auch Werke europäischer Meister. *Chief Albert Luthuli Road | Di–So 10–16 Uhr | Eintritt frei*

ESSEN & TRINKEN

THE CAFE AT ROSEHURST
Hier bekommen Sie frische, leichte Gerichte und hausgebackenes Roggenbrot. *239 Boom Street | Tel. 033 3 94 38 83 | €*

MIRROR RESTAURANT & BAR
Hier tischt die Chefin Mia Staszowski polnisch-afrikanische Fusionsküche auf. *38 Hilton Av. | Tel. 033 3 43 42 89 | €*

ÜBERNACHTEN

INSIDER TIPP ▶ BRIAR GHYLL LODGE
5 km außerhalb liegt das von einem großen Park umgebene viktorianische Gutshaus. *8 Zi. | George Macfarlane Lane | Tel. 033 3 42 26 64 | www.bglodge.co.za | €€*

FORDOUN HOTEL & SPA ●
Fordoun liegt etwas außerhalb der Stadt und hat den besten Spa Südafrikas. Hier bereitet der *Sangoma,* ein traditioneller Heiler, aus den 120 Pflanzenarten des

KWAZULU-NATAL

Gartens Öle und Tinkturen. *17 Zi. | Nottingham Road | Tel. 033 2 66 62 17 | www.fordoun.com | €€*

AUSKUNFT

PIETERMARITZBURG TOURISM
177 Commercial Road | Tel. 033 3 45 13 48 | www.pmbtourism.co.za

ZIELE IN DER UMGEBUNG

DRAKENSBERGE ★ ☼
(133–133 C–E 1–3) (Ⓜ J–L 4–6)
Unvergesslich wird Ihnen der Blick im *Royal Natal National Park* im nördlichen Teil der Drakensberge bleiben. Die Felsen scheinen ein Amphitheater zu bilden. Übernachten können Sie im *Mont-Aux-Sources Hotel (107 Zi. | Tel. 036 4 38 80 00 | www.montauxsources.co.za | €€)*. Im mittleren Teil des Gebirgsmassivs liegt das *Giant's Castle Game Reserve* mit dramatischen Felsformationen und einer Vielfalt von Pflanzen und Tieren. An der Straße zum benachbarten *Kamberg Nature Reserve* gibt es ein kleines Hotel, die Besitzer kochen jeden Abend ein erlesenes Menü: INSIDER TIPP *Cleopatra Mountain Farmhouse (11 Zi. | Tel. 033 2 67 72 43 | www.cleomountain.com | €€€). 80 km von Pietermaritzburg*

INSIDER TIPP MIDLANDS MEANDER
(133 D2) (Ⓜ K5)
Die Gegend um *Nottingham Road* besticht durch ihre Schönheit. Fast 150 Künstler, Kunsthandwerker und Gasthausbesitzer haben sich an der ausgeschilderten Strecke zusammengeschlossen. Die 60 km lange Route zwischen Pietermaritzburg und Mooi River verläuft rechts und links von der N 3 und ist gut beschildert. *50 km von Pietermaritzburg*

Beeindruckend: die Howick Falls im Umgeni Valley Nature Reserve

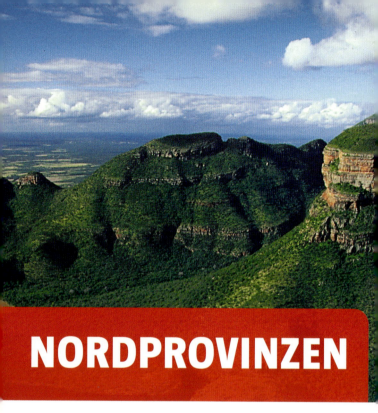

NORDPROVINZEN

Wenn Sie am Morgen auf dem Flughafen in Johannesburg ankommen, werden Sie sofort das Gefühl haben: Ich bin in Afrika. Das bewirken die klare und trockene Luft des Hochlands, das rötlich getönte steppenähnliche Land, endlos weit, und der atemberaubend schöne Sonnenaufgang des Nordens.

Diesen Teil Südafrikas haben die Weißen zuletzt besiedelt. Johannesburg ist nur etwas über 100 Jahre alt und das benachbarte Pretoria, heute ein Stadtteil von Tshwane, nur wenige Jahrzehnte älter. Nördlich von Pretoria beginnt die Great North Road. Sie führt durch hügeliges Buschland nach Warmbath (Bela-Bela). Den „kochenden Ort" nannten die Einheimischen das Gebiet, in dem Thermalquellen mit einer Temperatur von 63 Grad aus dem Boden sprudeln. Von hier fahren Sie über Waterberg und Polokwane durch das Affenbrotbaum-Land und gelangen über die Soutpansberge nach Hunderten von Kilometern schließlich zum Limpopo. Der Fluss in der Provinz Limpopo bildet die Grenze zu Simbabwe und Botswana. Die Fahrt durch diesen Teil Afrikas mit seiner fast unberührten Natur ist ein großartiges Erlebnis. So wurde erst kürzlich in den einsamen Vendabergen ein Tal entdeckt, in dem sehr seltene Pflanzen wachsen und Vögel leben, die sonst kaum noch gesichtet werden.

Die interessanteste Provinz des Nordens ist sicherlich Mpumalanga. Hier haben Siedler schon Gold gefunden, bevor der Rausch auf dem Witwatersrand anfing.

Bild: Blyde River Canyon

Das frühere Transvaal, geprägt von den Städten Johannesburg und Pretoria, ist heute in mehrere Provinzen aufgeteilt

Pilgrim's Rest, heute eine denkmalgeschützte Geisterstadt und Touristenattraktion, war ein Ort des früheren Goldrauschs. Beeindruckend sind die vielen herrlichen Aussichtspunkte auf die bizarre Landschaft mit ihren gewaltigen Wasserfällen. In Mpumalanga bricht das Inlandsplateau mehr als 1000 m tief zur subtropischen Ebene ab. Dies ist eine Landschaft, deren Schönheit die Panorama Route mit Wasserfällen, nebligen Morgen und atemberaubenden Aussichten erschließt.

Ein Höhepunkt ist die Fahrt entlang des Blyde River Canyon mit dem Aussichtspunkt God's Window. Von hier schaut man 700 m in die Tiefe auf das Lowfeld mit Bergschluchten, millionenjahrealten Steinformationen und dem Fluss, der sich den Weg durch die Felsen bahnt. Am Ende der Route liegt Nelspruit, der größte Ort der Region. Von hier ist es nicht mehr weit zum südlichsten Tor des berühmten Kruger National Parks.

Die Nordprovinzen waren Mitte des 19. Jhs. die Republik Transvaal, gegründet von den Buren, die von den Engländern aus dem Kap vertrieben worden waren. Kaum wurden hier Diamanten entdeckt, versuchten die Briten ihre ehemaligen Gegner zu einer Konföderation zu überreden. Als dies misslang, annektierten sie die Republik wie auch den Oranje-Freistaat. So kam es zum ersten britisch-burischen Krieg, der auf Afrikaans bis heute *Vryheidsoorlog*, also Freiheitskrieg, genannt wird. Die Buren gewannen diese Auseinandersetzung, und im Jahr 1881 erhielt Transvaal seine Unabhängigkeit zurück. Das Land entwickelte sich rasch unter der Führung des legendären Präsidenten Paul „Ohm" Krüger. Als dann 1886 nicht allzuweit von Pretoria entfernt riesige Goldfunde gemacht wurden, ahnte er, welche Probleme daraus entstehen könnten. Aber die Entdeckung ließ sich nicht geheim halten. Der ausbrechende Goldrausch lockte Tausende von Glücksrittern aus aller Welt in diese Gegend.

Nun waren auch die Engländer entschlossener denn je, diesen Teil des südlichen Afrikas für die Kronkolonie zu erobern. Es kam zum zweiten Burenkrieg, den England 1902 gewann. 1910 wurde die Südafrikanische Republik gegründet – mit Pretoria als Verwaltungshauptstadt. Noch heute ist Pretoria (als Teil der Gemeinde Tshwane) Regierungssitz. Die ANC-Präsidenten residieren wie ihre weißen Vorgänger im prachtvollen Union Building und legen hier ihren Amtseid ab.

Das Gebiet, in dem das Gold gefunden wurde, heißt Witwatersrand. Es ist ein Plateau, das sich auf etwa 1700 m Höhe erstreckt. Die Goldader verläuft auf einer Länge von mehr als 130 km und wird am Ende 30 km breit. Hier gibt es viele Minen- und Industriestädte – die größte ist Johannesburg, heute die Wirtschaftsmetropole ganz Afrikas. Am Vaal-Fluss verbringen die Johannesburger gern ihr Wochenende. Wenn sie kein Häuschen

Johannesburg ist das Handels- und Finanzzentrum Südafrikas

NORDPROVINZEN

besitzen, mieten sie eines oder auch eine Hütte. Es gibt dort auch einige schöne Hotels.

Die Universitätsstadt Potchefstrom nördlich von Johannesburg, 1838 gegründet, wurde die erste Hauptstadt der Zuidafrikaanischen Republik. Viele Gebäude erinnern an diese Zeit. Die North West Province ist der ärmste und auch touristisch am wenigsten entdeckte Teil Südafrikas. Zwar liegen hier das Las Vegas Südafrikas, Sun und Lost City, und zwei große Naturparks, der Pilansberg und Madikwe, aber kaum jemand macht sich die Mühe, Rustenburg im Land des Königs der Bafokeng oder die Magaliesberg Mountains, die hundertmal älter sind als der Himalaya, zu besuchen.

> **CITY WOHIN ZUERST?**
> **Newtown** ist das kulturelle Herz Johannesburgs. In der Bree Street finden Sie das Museum Africa, die Newton Gallery, Restaurants, Bars und das Market Theater. Durch die Wolhuter Street geht es zum African Cultural Centre. In der parallel zur Bree Street liegenden Jeppe Street liegt das Workers Museum. Gute Parkmöglichkeiten bietet das Parkhaus im Carlton Centre.

JOHANNESBURG

KARTE AUF SEITE 134/135
(J–K3) Johannesburg, mit 6 Mio. Einwohnern die größte Stadt Südafrikas, kann – was seine Lage anbelangt – mit Kapstadt nicht mithalten, hat jedoch seinen eigenen Reiz.

Die Atmosphäre ist prickelnd, der Lebensstil schnell und manchmal rücksichtslos wie in den Gründerjahren. Alles dreht sich ums Geld und Geschäft. Johannesburg ist das Handels- und Finanzzentrum mit der Börse, dem größten Flughafen, den breitesten Straßen und den höchsten Wolkenkratzern des Landes – und seit der Fußball-WM auch mit dem Gautrain, einem Schnellzug, der die Strecke vom Flughafen nach Sandton in unter 15 Minuten fährt. Sandton wurde während der Apartheid so etwas wie das neue City Center, weil die historische Innenstadt immer mehr verslumte. Aber das hat sich in den letzten Jahren geändert, und heute gilt es wieder als sehr schick, dort zu wohnen oder zu arbeiten.

Johannesburg ist auch eine Stadt der Gegensätze: Reichtum und Armut prallen aufeinander. In seiner hundertjährigen Geschichte wurde Johannesburg dreimal neu gebaut. Die Grundstückspreise in der Innenstadt sind so hoch, dass es sich

MARCO POLO HIGHLIGHTS

★ **Gold Reef City**
Eine nachgebaute Goldgräberstadt mit Geschäften, Hotels und Bars können Sie in Johannesburg besichtigen → S. 85

★ **Sun City und Lost City**
Luxuriöse Vergnügungsoase mit Hotels, Kasinos, Sportanlagen → S. 87

★ **Union Building**
Regierungsgebäude in Pretoria, ab Oktober in einem Meer von Jakarandablüten → S. 88

★ **Kruger National Park**
Wohl das schönste, sicher das berühmteste Wildreservat der Welt → S. 90

JOHANNESBURG

lohnt, alte Häuser abzureißen, um neue, höhere zu bauen, zumindest in den wohlhabenden Stadtteilen wie Rosebank und Sandton. Die Anwesen und Bürogebäude in den privilegierten Vororten sind von hohen Mauern und Elektrozäunen umgeben. Die Kriminalität ist aufgrund der sozialen Gegensätze so hoch wie nirgendwo sonst in Südafrika. Johannesburg heißt in den schwarzen Sprachen *E'Goli*, Ort des Goldes. Denn mit Gold fing alles an. George Harrison, ein australischer Bildhauer, der schon in seiner Heimat nach Gold gesucht hatte, erkannte 1886 den Goldgehalt der Steine. Was danach geschah, ist als der größte Goldrausch aller Zeiten in die Geschichte eingegangen. Goldgräber aus drei Kontinenten machten sich auf die beschwerliche Reise. Aus einem Lager mit Zelten und selbst gezimmerten Hütten entstand die Stadt.

SEHENSWERTES

APARTHEID MUSEUM (0) (*M 0*)

Der Besuch dieses Museums ist ein unbedingtes Muss für jeden, der die politische Vergangenheit Südafrikas besser verstehen möchte. *Northern Parkway | Gold Reef Road | Di–So 9–17 Uhr | Eintritt 65 Rand*

Pflicht für jeden, der die nähere Vergangenheit des Landes verstehen will: das Apartheid Museum

CONSTITUTION HILL (135 D2) (*M 0*)

Neben dem berüchtigtem Gefängnis Old Fort, in dem Nelson Mandela einen Teil seiner Haftzeit verbrachte, wurde das neue südafrikanische Verfassungsgericht gebaut. Im Gegensatz zu Gerichtsgebäuden im alten Südafrika ist es offen zugänglich, freundlich und warm. Die Sammlung zeitgenössischer Kunst im angeschlossenen Museum ist gleichfalls sehenswert. *11 Kotze Street/Ecke Hospital*

NORDPROVINZEN

Street | tgl. 9–17 Uhr | Führungen durch Gefängnis, Gericht und Museum alle 30 Minuten | Eintritt 50 Rand*

GOLD REEF CITY ★ (0) (📍 0)
Ein Hauch von Freizeitindustrie umgibt diese nachgebaute Goldgräberstadt etwa 6 km südlich des Stadtzentrums. Die Stollen der früheren Goldmine *Crown Mines* unter der Stadt können besichtigt werden. Zu der Anlage gehören auch ein Spielkasino und ein Vergnügungspark. *Stadtautobahn M 1 in Richung Süden, Ausfahrt Gold Reef City*

SOWETO (0) (📍 0)
South-Western-Township. In diesem schwarzen Vorort leben mehr als 2 Mio. Menschen. Weltbekannt wurde Soweto durch die blutig beendeten Schülerunruhen von 1976. Im *Hector Peterson Museum (Khumalo Street | tgl. 10–17 Uhr | Eintritt 30 Rand)* wird mit einer Fotoausstellung an den schrecklichen 16. Juni jenes Jahres erinnert. An diesem Tag wurde der 14-jährige Hector Peterson von der Polizei erschossen.
In der Nähe befindet sich auch das *Mandela House (8115 Orlando West | tgl. 9–16.45 Uhr | Eintritt 60 Rand)*. Das ist ein kleiner Bungalow, in dem *Madiba* – so wird Nelson Mandela in Südafrika liebevoll genannt – vor seiner Verhaftung im Jahr 1956 lebte. *Auskunft über Rundfahrten bei Soweto Themba Day Tours (Tel. 011 4 63 33 06 | www.sowetotour.co.za)*

ESSEN & TRINKEN

LE CANARD (0) (📍 0)
Die Spitzenköchin Freda Appelbaum serviert in opulentem Ambiente klassische Gerichte. Hier speisen des Öfteren auch Größen aus Politik und Wirtschaft. *163 Rivonia Road | Sandton | Tel. 011 8 84 45 97 | €€€*

DW ELEVEN-13
Das Restaurant bietet eine Mischung aus moderner und traditionell südafrikanischer Küche. *Dunkeld West Shopping Centre, Shop 11–13 | Jan Smuts Street/Bompas Street | Tel. 011 4 63 33 06 | €€*

MOYO (0) (📍 0)
Traditionelle afrikanische Gerichte in einem Open-Air-Restaurant am Zoo Lake. Besonders schön zum Mittagessen. *1 Prince of Wales Drive | Tel. 011 6 46 00 58 | €€*

WADIE'S PLACE (0) (📍 0)
Früher eine *Shebeen* (Bierbar). Heute wird hier an langen Tischen traditionelles Stammesessen serviert. *618 Makhalamele Street | Soweto | Tel. 011 9 82 27 96 | €*

EINKAUFEN

AFRICAN ROOFTOP MARKET (0) (📍 0)
Für Freunde von Flohmärkten eine tolle Gelegenheit: An über 450 Ständen wird alles vom Trödel bis zu Antiquitäten angeboten. *Neben der Rosebank Mall | Oxford Street | So 9–17 Uhr*

ARTS ON MAIN (135 F4) (📍 0)
In den letzten Jahren wurde Downtown Johannesburg auch von den Kreativen entdeckt. Der Gebäudekomplex *Arts on Main* ist gelungen renoviert und beherbergt Studios bekannter Künstler wie William Kentridge, Galerien wie Bailey/Seippel und Modeshops wie Black Coffee. *264 Fox Street*

BRYANSTON ORGANIC MARKET 🌿 (0) (📍 0)
Seit 33 Jahren werden hier Bio-Lebensmittel, Holzspielzeug, Tee und andere bio-dynamisch erzeugte Produkte angeboten. *Culross Road*

85

JOHANNESBURG

AM ABEND

MARKET THEATER (134 B4) (*0*)
Theater, das die besten Produktionen Südafrikas präsentiert. Das Künstlerzentrum mit Buchladen, Galerie, Bar und Restaurant ist in den alten Markthallen von 1913 untergebracht. In der Umgebung liegen viele alternative Geschäfte und Galerien. *56 Margaret Mcingana Street | Tel. 011 8 32 16 41*

INSIDER TIPP RANDLORDS
(134 B2) (*0*)
Die In-Bar mit einer tollen Aussicht aus dem 22. Stock. Die Einrichtung ist eine Mischung aus *très chic* und Afrika. *41 De Korte Street | Tel. 011 4 89 19 30*

ÜBERNACHTEN

INSIDER TIPP EASYHOTEL
(134 B2) (*0*)
Supermodernes Hotel im Johannesburger Vorort Braamfontein, dem Treffpunkt der Kreativen der Stadt. *60 Zi. | 90 De Korte Street | Tel. 011 2 42 86 00 | www.easyhotel.com/hotels/johannesburg | €*

THE MUNRO BOUTIQUE HOTEL
Elegantes Hotel auf den Hügeln oberhalb Johannesburgs. *5 Zi. | 63 St Patrick Road | Houghton | Tel. 011 4 87 14 20 | www.themunrohotel.com | €€€*

NEO'S B & B (0) (*0*)
Das kleine Gästehaus in Soweto steht in der Nachbarschaft von Häusern bekannter Antiapartheidsfamilien, wie der Mandelas, Tutus und Sisulus. *3 Zi. | Vilakazi St. | Orlando West | Tel. 011 5 36 04 13 | €*

THE PEECH HOTEL (0) (*0*)
Stilvolles Hotel im In-Viertel Melrose. Sechs Zimmer sind total umweltfreundlich. Das Wasser wird mit Solarenergie erhitzt und das Abwasser für den Garten recycled. *16 Zi. | 61 North Street | Tel. 011 5 37 97 97 | www.thepeech.co.za | €€*

TEN BOMPAS (0) (*0*)
Jede Suite hat ein anderes afrikanisches Thema, das von verschiedenen Innenarchitekten umgesetzt wurde. Es gibt Kamine in den Wohn- und Schlafzimmern, jedes Badezimmer hat ein Dampfbad. *10 Zi. | 10 Bompas Road | Randburg | Tel. 011 3 41 02 82 | www.tenbompas.com | €€€*

AUSKUNFT

GAUTENG TOURISM
(134 A–B4) (*0*)
124 Main Street | Newtown | Tel. 011 0 85 25 00 | www.gauteng.net

ZIELE IN DER UMGEBUNG

THE CRADLE OF HUMANKIND NATURE RESERVE ● (128 C4) (*J3*)
1990 wurde das 470 km² große Gebiet von der Unesco zum Welterbe der

NORDPROVINZEN

Menschheit erklärt. Es besteht aus zwölf Fossilienfundstätten; eine davon ist die berühmte *Sterkfontein Cave*. Der älteste Fund, *Little Foot,* ist 3,3 Mio. Jahre alt. Die Cradle besteht aus verschiedenen Anlagen, für die jeweils Eintritt verlangt wird, Informationen darüber finden Sie auf www.valleyofancestors.com. Der Eintritt für das *Maropeng Visitor Centre* beträgt 135 Rand. Zu empfehlen ist das ☼ *Cradle Restaurant (Route T 3 | Kromdraai Road | Tel. 011 6 59 16 22 |* €*)*.

SUN CITY UND LOST CITY ★
(128 B3) (*J3*)

Nach zweieinhalb Stunden Autofahrt (110 km) von Johannesburg taucht das Vergnügungsparadies *Sun City*, das Las Vegas Südafrikas, wie eine Oase in der Wüste inmitten einer trockenen Buschlandschaft auf. In den drei Hotels mit Schwimmbädern und Sportanlagen werden die Gäste verwöhnt. Auf einem großen See können Sie Wassersport betreiben. Den 18-Loch-Golfplatz hat Gary Player angelegt. Alles ist künstlich. Kein Wasserfall, keine Palme, kein Flamingo oder Papagei war hier, bevor es Sun City gab. Am Abend können Besucher zwischen mehreren Restaurants, dem Kasino, den Spielautomaten und Shows wählen. Es werden auch Safaris in den nahegelegenen Naturschutzpark *Pilanesberg* angeboten.

Anfang der 1990er-Jahre ließ der Unternehmer Sol Kerzner auf 26 000 m^2 gleich neben Sun City ein weiteres Vergnügungszentrum errichten, die *Lost City* mit dem *Hotel Palace*. Ein durch und durch künstlicher Ort mit dem der Initiator den Mythos des Traum- und Märchenlands Afrika so kitschig umsetzte, dass es schon wieder schön ist. Sun City hat eine Bahnstation und einen eigenen Flughafen, der täglich von Johannesburg aus angeflogen wird. Der *Sun City Express (Eintritt 70 Rand | tgl. Busverbindung von Johannesburg mit Sun City Busses | Tel. 01 45 57 44 88)* bringt Tagesbesucher vom Parkplatz am Eingang zu den Vergnügungsstätten. Übernachtungsmöglichkeiten gibt es für jeden Ge-

Willkommen im Las Vegas Südafrikas: Prunktor vor dem Hotel Palace in Lost City

PRETORIA

schmack und Geldbeutel in den vier Hotels des Parks. Für Familien ist besonders das *Cabanas (380 Zi. | €)* zu empfehlen. Im *Palace of the Lost City (338 Zi. | €€€)* sind Sie umgeben von Luxus und Kitsch; für alle Hotels: *Tel. 011 7 80 78 10 | www.suninternational.com*

PRETORIA

(128 C4) *(J–K3)* **Über Pretoria, heute ein Stadtteil der Großgemeinde Tshwane (4,7 Mio. Ew.), thront das Union Building, das der Architekt Sir Herbert Baker 1910 baute.**

Hier wird das Land regiert, wenn das Parlament nicht in Kapstadt tagt. In dem imposanten Gebäude mit Amphitheater fand die Amtseinführung Mandelas statt. Es ist umgeben von einem herrlichen Park, an dem die Residenzen von Ministern und Botschaftern liegen. Im Oktober verwandelt sich die Stadt in ein Blütenmeer: 70 000 Jakarandabäume blühen dann in zartlila Farbtönen.

LOW BUDGET

▶ Der Besuch in einer privaten Lodge in einem Wildpark ist immer teuer. Ausnahme: das *Mosetha Bush Camp (18 Zi. | Tel. 011 4 44 93 45 | www.thebushcamp.com)* im Madikwe Game Reserve, eine Backpacker Lodge ohne Strom und mit Duschen unter freiem Himmel. Die Atmosphäre ist super.

▶ Das *MuseumMAafriKA (121 Bree Street | Eintritt frei)* in Johannesburg beschäftigt sich mit dem Leben der Südafrikaner von der Steinzeit bis zu den Jahren der Apartheid.

▶ Der *Hans Merensky Golf Course (www.hansmerensky.com)* bietet nicht nur mit die niedrigsten Greenfees in Südafrika, sondern auch ein Spiel in der Gesellschaft wilder Tiere. Er liegt in einem Naturreservat gleich neben dem Kruger National Park. Allerdings wird er geschlossen, wenn die Löwen unterwegs sind. Fünf Minuten vom Phalaborwa Gate des Kruger Parks.

SEHENSWERTES

DITSONG NATIONAL MUSEUM OF NATURAL HISTORY
Geologische und archäologische Funde. Ausstellung über das Leben der prähistorischen Hominiden. *432 Paul Kruger Street | tgl. 8–16 Uhr | Eintritt 25 Rand*

NATIONAL ZOOLOGICAL GARDEN
Der Zoo ist anerkanntermaßen einer der besten der Welt. 4340 Tiere leben in artgerechten Gehegen. Eine Seilbahn führt zu Aussichtspunkten oberhalb der Gehege. *232 Boom Street | tgl. 10–16.45 Uhr | Eintritt 66 Rand*

UNION BUILDING ★
Der Regierungssitz auf der *Meintjieskop* ist ein Meisterstück südafrikanischer Architektur. Mandela legte hier 1994 seinen Amtseid ab.

VOORTREKKER MONUMENT
Es wurde als Denkmal und Museum 1947 gebaut im Andenken an den Sieg der Buren über die Zulus am Blood River im Jahr 1838. Für die konservativen Afrikaner war es lange Zeit das Symbol ihrer Macht. *Tgl. 8–18 Uhr | Eintritt 50 Rand | Eufees Road | Groenkloof*

NORDPROVINZEN

CITY WOHIN ZUERST?

Ein guter Ausgangspunkt ist der **Burgerpark** an der Jacob Maré Street. Gegenüber ist das Melrose House, von dem man der Andries Street folgt bis zu Minaar Street. Dort ist das Transvaal Museum. Gegenüber liegt die City Hall und einen Häuserblock entfernt in der Visagie Street ist umgeben von einem anderen Park das Cultural History Museum untergebracht. Parkplätze finden Sie beispielsweise in der Pretorius Street und in der Andries Street.

ESSEN & TRINKEN

JANICKY'S RESTAURANT
Für jeden, der es gerne mal probieren möchte: Hier kommen traditionelle Gerichte der Afrikaaner wie zum Beispiel *Pap en Vleis* (Maisbrei mit Fleisch) auf den Tisch. *165 Monroe Street | Tel. 012 3 73 42 38 | €*

ZEMARA RESTAURANT
Afrikanische Gerichte und Fisch, besonders der Seefisch Tilapia, werden hier angeboten. *933 Francis Baard Street | Tel. 012 7 56 20 57 | www.zemara.net | €€*

EINKAUFEN

CINNAMON LIFESTYLE & DESIGN
Im Angebot ist etwas für alle, die schon alles haben, und die perfekten Mitbringsel. *Monument Park Shopping Centre, Shop 6 | 73 Skilpad Street*

INSIDER TIPP THE DUNCAN YARD
Wer lieber in kleinen Gässchen als in Einkaufszentren shoppen möchte, dem werden die Geschäfte hier gefallen. *Jan Shoba Street/Ecke Duncan Street*

AM ABEND

CO.FI
Die Bar (es gibt auch ein Restaurant) ist der In-Treffpunkt der Stadt mit den besten DJs. *Shop 1, Brooklyn Square | Veale Street/Ecke Middle Street*

Pretoria von oben: Blick vom Union Building auf die Stadt

PRETORIA

ÜBERNACHTEN

INSIDER TIPP ALPINE ATTITUDE HOTEL
Das todschick eingerichtete Boutiquehotel ist mit viel Kunst ausgestattet, die Gestaltung der Räume ist themenorientiert, so gibt es u. a. einen *African* und einen *Nature Room*. 10 Zi. | 522 Atterbury Road | Tel. 012 3 48 65 04 | www.alpineattitude. co.za | €€

40 ON ILKEY
Gemütliches B & B im grünen Vorort von Pretoria, Lynnwood. *7 Zi. | 40 Ilkey Road | Lynnwood | Tel. 012 3 48 37 66 | www.40onilkey.co.za | €*

AUSKUNFT

TSHWANE TOURISM ASSOCIATION
309 Church Square | Tel. 012 3 58 14 30 | www.tshwanetourism.co.za

ZIELE IN DER UMGEBUNG

KRUGER NATIONAL PARK ★
(129 E–F 1–3) (*m* L–M 1–2)
Der weltberühmte, 20 000 km² große Wildpark beherbergt die größte Vielfalt an Tieren auf dem afrikanischen Kontinent. Hier leben 130 Säugetierarten, 48 Fisch-, 114 Reptilien- und 468 Vogelarten. Die Parkverwaltung listet u. a. folgende Tiere auf: 9000 Elefanten, 26 000 Büffel, 120 000 Impalas sowie Zebras, Löwen, Leoparden, Giraffen, Flusspferde und Nashörner.
Es gibt acht Einlasstore in den Park, vier sind von dem Ort *Nelspruit* an der N 4 zu erreichen: *Malelane, Crocodile Bridge, Numbi* und das *Paul-Kruger-Tor*. Etwa in der Mitte des Parks liegen die Tore *Orpen* und *Phalabora*, und ganz im Norden befinden sich die Eingänge *Punda Maria* und *Pafuri*. Camps bieten Rundhüt-

BÜCHER & FILME

▶ **Der lange Weg zur Freiheit** – In seiner bewegenden Autobiografie beschreibt der 2013 verstorbene Nelson Mandela sein Leben, in dem jahrzehntelang der Kampf gegen die Apartheid bestimmend war

▶ **Roter Staub** – Der Roman von Gillian Slovo, 2004 von Tom Hooper verfilmt, erzählt, wie sich Menschen mit unterschiedlichem Hintergrund vor der Wahrheitskommission wiedertreffen

▶ **Invictus** – Clint Eastwood verfilmte 2009 die Geschichte des berühmten Rugbyweltmeisterschaftsendspiels mit Matt Damon in der Hauptrolle. Morgan Freeman spielt Nelson Mandela

▶ **Schande** – Der Roman von Literaturnobelpreisträger John M. Coetzee wurde 2007 mit John Malkovich verfilmt. Er handelt von einer weißen Frau, die bereit ist, einen Teil der Schuld, die sie den Schwarzen gegenüber empfindet, abzutragen

▶ **Tsotsi** – Die südafrikanische Produktion des Regisseurs Gavin Hood (2005) gewann einen Oscar für den besten ausländischen Film. Er zeigt Hoffnungslosigkeit in den Townships und die Kriminalität, die dort entsteht

▶ **Weißer Schatten** – So heißt der neueste Krimi des südafrikanischen Erfolgsautors Deon Meyer: sehr spannend!

NORDPROVINZEN

Mit einem Elefanten auf Tuchfühlung: Wildhüter im Kruger Park

ten oder Häuser zur Übernachtung an. In den kleineren Camps müssen Sie sich selbst versorgen, die größeren, zum Beispiel *Pretoriuskop* und *Berg-en-Dal*, verfügen über Restaurants und Schwimmbäder.

In Südafrika erkannten die Verantwortlichen früh Bedeutung und Notwendigkeit des Naturschutzes. Bereits Ende des 19. Jhs. beschloss die Regierung, die Jagd auf dem Gebiet zwischen den Flüssen Sabie und Crocodile zu verbieten. So entstand der Kruger National Park.

Auf guten Straßen fahren Besucher in geschlossenen Autos durch den Park und können die Tiere beobachten. Die Höchstgeschwindigkeit auf Asphaltstraßen beträgt 50 km/h, auf Sandwegen 40 km/h *(April–Okt. 6–18, Nov.–März 5.30–18.30 Uhr | Eintritt 248 Rand pro Pers.)*. Auskunft und Reservierung bei *South African National Parks (Tel. 012 4 28 91 11 | www.sanparks.co.za | 220 km von Pretoria)*. INSIDER TIPP *The Outpost* an der Grenze zu Simbabwe und Mosambik ist ein privates Camp im Kruger National Park. Früher gehörte das Land dem Makuleke-Stamm, den man enteignete, als das Gebiet Teil des Parks wurde. Anfang der 1990er-Jahre wurde ihr Landanspruch anerkannt, und sie erhielten den Besitz zurück. Der Stamm erteilte die Konzession zum Bau einer privaten Lodge. *The Outpost (Tel. 013 7 37 83 08 | www.theoutpostcamp.co.za | €€€)* verfügt über zwölf komfortable Suiten.

Wenn Sie weder in den Camps des Nationalparks noch in den teuren privaten Reserves übernachten möchten, ist das *Graskop Hotel (40 Zi. | Tel. 013 7 67 12 44 | www.graskophotel.co.za | €)* in Graskop als Alternative zu empfehlen. Der Besitzer Harrie ist Kunstsammler und hat einige der Hotelzimmer von bekannten südafrikanischen Künstlern einrichten lassen.

PRETORIA

LIMPOPO
(128–129 C–E 1–3) (*M* J–L 1–2)

Die nördlichste Provinz Südafrikas ist trotz produktiver Landwirtschaft die ärmste des Landes, auch weil große Teile des Gebiets in den Apartheidsjahren Homelands waren. Der Tourismus ist kaum entwickelt, obwohl ein Teil des Kruger National Parks sich hier befindet. Am Fuß der Klein-Drakensberge liegt die Stadt *Tzaneen* (80 000 Ew.). Der Name kommt aus der Sprache der Khoikhoi und bedeutet Korb. Gemeint ist damit das fruchtbare Tal, in das sich Tzaneen schmiegt. 15 km südlich des Städtchens, in *Agatha*, bietet *The Coach House* (45 Zi. | 55 Agatha Street | Tel. 015 3 06 80 15 | www.coachhouse.co.za | €€), ein kleines, traditionelles Hotel, eine Möglichkeit zu übernachten. *175 km von Pretoria*

MPUMALANGA
(129 D–E 3–4) (*M* K–L 2–4)

Der größte Teil der Provinz ist subtropisch mit fruchtbaren Ebenen. Kommen Sie über die *Panorama Route*, bietet sich ein herrlicher Blick über die typisch afrikanische Landschaft mit Wäldern und Savanne. Das Hotel *Casa do Sol* (Hazeyview | 42 Zi. | Sabie Road | Tel. 013 7 37 81 11 | www.casadosol.ahagroup.co.za | €€) ist eines der schönsten Hotels an der Route. Als vor über 100 Jahren unter anderem in *Barberton* Gold gefunden wurde, kamen auch Goldgräber. Da sich die Funde schnell erschöpften, blieb der Ort aber verträumt.

In Mpumalanga finden Sie einige der schönsten privaten Tierparks des Landes, z. B. das *Thornybush Game Reserve*. Die beste Lodge ist das *Royal Malewane* (10 Zi. | an der Straße zum Orpen Gate | Tel. 015 7 93 01 50 | www.royalmalewane.com | €€€), in dem Spitzenkoch John Jackson die Gäste verwöhnt. Jede Suite hat ein kleines Schwimmbad.

Sabie ist eine der größeren Städte der Provinz Mpumalanga. In der Umgebung der „Stadt der Wälder", wie sie wegen des reichen Baumbestands auch genannt wird, gibt es viele Wasserfälle, zum Beispiel die *Mac Mac Falls (10 km)*. Von Sabie erreichen Sie über *Mpumalanga* den *Blyde River Canyon (15 km)*, einen landschaftlich besonders beeindruckenden Platz. Die beste Aussicht bietet sich Ihnen hier von *God's Window*.

Nur 5 km von Graskop entfernt liegt *Pilgrim's Rest*. Die kleine Ortschaft entstand mit dem ersten Goldrausch in Südafrika. Im Jahr 1873 fand Alex Patterson, der mit einer Schubkarre durch das Land zog, in einem kleinen Nebenarm des Blyde River die ersten Goldnuggets. Vergeblich versuchte er, seinen Fund geheim zu halten. In kurzer Zeit kamen 1500 Menschen, um ein Vermögen zu machen. Zuerst wohnten sie in Zelten, aber schon bald entstanden Häuser, Geschäfte, Bars – und das *Royal Hotel*, das es noch heute gibt.

Nach sieben Jahren war es vorbei mit dem Goldwaschen, und der Abbau unter Tage begann. Eine Minengesellschaft kaufte die Schürfrechte, und erst 100 Jahre nach Pattersons Entdeckung wurde die Mine geschlossen. Heute steht *Pilgrim's Rest* unter Denkmalschutz und ist ein Freilichtmuseum. Wenn Sie selbst ein wenig Goldfieber spüren und – mit etwas Glück – Ihre Reisekasse aufbessern möchten, können Sie sich im *Diggins Museum* am Ortseingang die Genehmigung zum Goldwaschen besorgen.

Der Eingang zum kleinen *Mount Sheba Nature Reserve* ist nur etwa 20 km von Pilgrim's Rest entfernt. In diesem Park gibt es kein Großwild, aber 100 verschiedene Baumarten, in denen sich Affen tummeln. Bedeutsam ist der Park wegen seines Regenwalds, der noch im ursprünglichen Zustand ist; ein perfek-

NORDPROVINZEN

Madikwe Game Reserve: Impalas sind neugierig, bei Gefahr aber ganz schnell weg

tes Ökosystem. Auf zwölf Wanderwegen zwischen 1 km und 6 km Länge können Besucher das private Reservat erkunden. Der Eintritt in den Park ist frei. Besucher sollten sich aber an der Rezeption der ☼ *Mount Sheba Lodge (25 Zi. | Tel. 013 7 68 12 41 | www.mountsheba.co.za | €€)* anmelden. Das Hotel liegt oberhalb des Regenwalds.

NORTH WEST PROVINCE
(128 A–C 3–5) (ϻ F–J 2–4)

Viele Besucher zieht es in die Northwest Province. Das liegt auch an den schönen Wildreservaten, die es dort gibt. Darunter ist das *Pilanesberg Game Reserve (tgl. März/April 6–18.30, Mai–Sept. 6.30–18, Okt. 6–18.30 Nov.–Feb. 5.30–19 Uhr | Eintritt 45 Rand | PKW 15 Rand)* besonders beliebt, weil es so nah an Johannesburg (110 km entfernt) liegt, dass es auch für Besucher mit wenig Zeit möglich ist, Wildtiere, unter anderem die *Big Five*, in ihrer natürlichen Umgebung zu sehen.

Ganz im Norden der Northwest Province befindet sich das INSIDER TIPP *Madikwe Game Reserve*. Dieser Park hat zwei riesige Vorteile: Er ist malariafrei. Und er hat weniger Besucher, weil man sich nicht mit einem Tagesbesuch begnügen kann, sondern sich in einem der 30 privaten Camps einmieten muss. Eines der schönsten ist die ☼ *Madikwe Safari Lodge (Tel. 018 3 50 99 02 | www.madikwesafarilodge.co.za | €€€)*. Die 20 strohgedeckten Cottages schmiegen sich an die Hänge der Berge. Von hier haben Sie eine tolle Aussicht auf den Park und die Tiere.

AUSFLÜGE & TOUREN

Die Touren sind im Reiseatlas, in der Faltkarte und auf dem hinteren Umschlag grün markiert

1 WEINSTRASSE FÜR DEN BESONDEREN GESCHMACK

Diese Tour ist auch für Weinfans interessant, die die bekannten Anbaugebiete schon kennen. Die Fahrt beginnt in Franschhoek und führt über Villiersdorp, Worcester, Nuy und Robertson bis nach Swellendam. Nehmen Sie sich einen Tag Zeit für die 200 km lange Strecke.

Von **Franschhoek** → S. 58, der kulinarischen Hauptstadt Südafrikas, geht es über den ☼ **Franschhoek-Pass**. Vom höchsten Punkt windet sich eine Straße durch die Berge zum großen Stausee **Theewaterskloof Dam**. Umgeben ist er teilweise von einem Wildpark (ohne Zäune). Weiter geht es nach **Villiersdorp**, wo das Weinanbaugebiet wieder beginnt. Alle 80 Farmer dieser Region beliefern eine Genossenschaft. Die Weine können Sie im *Kelkiewyn Farmstall (Main Road | Tel. 028 8 40 09 00 | €)* kosten. Im Restaurant wird gute Hausmannskost serviert, auch im Garten am Fluss.

Auf der R 43 geht es weiter nach **Worcester**, das umgeben ist vom größten Weinanbaugebiet des Landes. Ein Fünftel der Reben Südafrikas wird in Worcester verarbeitet. Das *Kleinplasie Open Air Living Museum (Mo–Fr 8–16.30, Sa 8–13 Uhr | Eintritt 15 Rand)* erzählt vom Leben und der Arbeit der frühen Pioniere und Bauern. Die Gebäude sind Nachbildungen von Häusern aus der Kapregion. Das Museum liegt etwas außerhalb. Eine andere Attraktion ist das *KWV House of Bran-*

Blumen, Wein und Wüste: Entdecken Sie Südafrika und fahren Sie mit Auto, Bus oder Luxuszug durchs Land

dy, der größte Hersteller von Brandwein im Land. Brandy-Proben werden Mo–Fr 8.30–16 Uhr angeboten. Ganz in der Nähe an der N 1 liegt die *Aquila Safari Lodge (20 Zi. | Tel. 021 4 30 72 60 | www. aquilasafari.com | €€).* Hier können Sie – nur zwei Stunden von Kapstadt entfernt – die Big Five sehen. Auch Tagesbesuche sind möglich. Zurück auf die R 60 in Richtung Robertson. Nach 15 km biegen Sie links nach **Nuy** ab. Hier gibt es neben vorzüglichen Weinen das ungewöhnliche Gasthaus *Nuy Valley (28 Zi. | Tel. 023 3 42 12 58 | www.nuyvallei. co.za | €).* Neben einem Landrestaurant und schönen Gästezimmern bietet Familie Conradie originelle Schlafplätze in alten Weintanks aus Zement an.

Ein paar Kilometer weiter auf der R 60 beginnt das **Robertson Valley**, das Tal des Weins und der Rosen. Die erste Weingenossenschaft, auf die Sie treffen, ist **Rooiberg**, ein Geheimtipp für gute, preiswerte Tropfen. Das beste Restaurant im Ort ist das *Bourbon Street (22 Voortrekker Street | Tel. 023 6 26 59 34 | €).*

Von Robertson geht es etwa 15 km weiter auf der R 60, dann nach rechts auf die R 312, an der sehr gute Weingüter liegen, z. B. **Bon Courage**, **De Wetshof**, **Van Loveren**, **Zandvliet** und besonders **Springfield**. Der Chardonnay ist einer der besten des Landes. In **Bonnievale** fahren Sie wieder auf die R 60, die auf die N 2 stößt. An dieser Stelle liegt **Swellendam**, ein hübsches historisches Dorf. Die drittälteste Siedlung am Kap wurde bereits 1745 gegründet. In einem der alten Herrenhäuser befindet sich das *Tourism Office (22 Swellengrebel Street | Tel. 028 5 14 27 70)*. Das *Drostdy Museum (18 Swellengrebel Street | Mo–Fr 9–16.45, Sa/So 10–15 Uhr | Eintritt 25 Rand)*, ein Freilichtmuseum, besteht aus eindrucksvollen Gebäuden aus der zweiten Hälfte des 18. Jhs. Sehr zu empfehlen ist das kleine B & B *Augusta de Mist (7 Zi. | 3 Human Street | Tel. 028 5 41 24 25 | www.augustdemist.co.za | €€)*. In den letzten Jahren haben sich Belgier im Ort niedergelassen, die ihre Gäste mit Köstlichkeiten verwöhnen, z. B. im *La Belle Alliance (1a Swellengrebel Street | Tel. 028 5 14 22 52 | €)*.

Hier reifen gute Weine

2 FAHRT INS BLUMENWUNDERLAND

Von August bis Oktober blühen im Westen der Kapprovinz Millionen von Wildblumen: Ein Blütenmeer leuchtet in allen Farben. Die Pracht beginnt in Darling und reicht fast bis Springbok. Das Gebiet heißt Namaqualand, die Blumen sind die Namaqualand Daisies. Für diese Tour sollten Sie sich 2–3 Tage Zeit nehmen, denn es sind 500 km von Kapstadt bis Vanrhynsdorp, und es gibt viel zu sehen.

Auf der N 7 führt die Reise bis zur Ausfahrt Malmesbury. Von dort geht es links nach **Darling**. Hier hat Pieter Dirk-Uys, Südafrikas bester Kabarettist, vor einigen Jahren sein Theater und Restaurant im alten Bahnhof eröffnet. Schon zu Zeiten der Apartheid machte er als Evita Bezuidenhout, die die Regierung aufs Korn nahm, Furore. Das Theater heißt *Evita se Perron (Tel. 022 4 92 39 30 | www.evita.co.za | €)*, übersetzt „Evitas Plattform". Das schönste B & B ist *The Granary (6 Zi. | 5 Long Street | Tel. 022 4 92 31 55 | www.thegranary.co.za | €)*.

Von Darling führen die R 307 und dann die R 45 nach **Hopefield**. In der Nähe liegt der **West Coast Fossil Park** *(Mo–Fr 9–16, Sa/So 9–12 Uhr | Eintritt 45 Rand)*. Zwischen Hopefield und Velddrif bietet sich mit INSIDER TIPP **Kersefontein** *(7 Zi. | Tel. 022 7 83 08 50 | www.kersefontein.*

AUSFLÜGE & TOUREN

co.za | €€) die schönste Möglichkeit, auf einem kapholländischen Gut zu übernachten. Seit 300 Jahren befindet es sich im Besitz der Familie Melck.

Velddrif liegt an der Mündung des Berg-Rivers in den Atlantik – eine spektakuläre Lage. Es ist ein Paradies für Angler. Wer lieber fangen lässt, kann im *The Sunset (1 Garnaal Street | Tel. 022 7 83 27 63)*, das direkt am Strand liegt, wunderbare Fischgerichte bestellen. Gehen Sie in die *West Coast Gallery*. Dort gibt es Werke lokaler Künstler und interessante Produkte aus Seesalz, zum Beispiel *Khoisan Bath Crystals.* Dieser Badezusatz hat einen hohen Mineralwert und soll gegen Schmerzen helfen und entgiften. Die R 399 führt zurück auf die N 7. Von dort geht es in nördlicher Richtung weiter nach **Clanwilliam**. Es ist das Zentrum der Rooibostee-Herstellung. Die Sträucher wachsen nur in den nahe gelegenen Cedarbergen und sonst nirgendwo auf der Welt. Mitten im Ort finden Sie das *Clanwilliam Hotel (24 Zi. | Tel. 027 4 82 11 01 | www.clanwilliamhotel.co.za | €)*, wo das Essen gut und die Übernachtung preiswert ist. Um zum nächsten Ziel zu kommen, fahren Sie nicht in den Ort, sondern von der Autobahnausfahrt 36 km auf der R 364. Dann taucht das Schild **Bushmans Kloof Wilderness Reserve** auf. Jetzt sind es nur noch 8 km bis zu diesem ganz besonderen Wildreservat. Der private Tierpark am Fuß des Cedarberg-Gebirges beheimatet 140 Vogelarten und wilde Tiere der Region (vom Bergzebra über den Gemsbok bis zur Wildkatze) und birgt 125 Fundstellen von zum Teil sehr gut erhaltenen San-Zeichnungen, die hauptsächlich Tiere und Menschen zeigen. Übernachten können Sie im *Bushmans-Kloof Wilderness Reserve & Retreat (16 Zi. | Tel. 021 4 37 92 79 | www.bushmanskloof.co.za | €€€)*. Unbedingt im Spa die Cederberg Soul'ution buchen. Es werden nur Naturprodukte aus der umliegenden Vegetation verwendet.

Five Big Elephants: Felsmalerei der San

Die R 363 führt von hier auf die R 27 und links nach **Nieuwoudtville**. Vom Plateau des **Bokkeveld-Bergs** haben Sie eine tolle Aussicht auf die Blumenpracht. Übernachtungsmöglichkeit: *Van Zijl Guest Houses and Restaurant (10 Zi. | Tel. 027 2 18 15 35 | www.nieuwoudtville.co.za | €)*. In **Vanrhynsdorp** geht es wieder auf die N 7, die zurück nach Kapstadt oder weiter nach Namibia führt.

MIT DEM LUXUSZUG DURCH SÜDAFRIKA

Wer elegant und stilvoll durch das Land am Kap reisen möchte, sollte eine Bahnfahrt mit der Rovos Rail buchen, z. B. von Pretoria nach Kapstadt. 48 Stunden lang werden Sie mit allem Komfort verwöhnt und haben 1600 km lang Zeit, die Landschaft der Karoo zu genießen.

Samstagnachmittag im Bahnhof von **Pretoria → S. 88**: Durch das eindrucksvoll-trutzige Gebäude, das 1920 von Sir Herbert Baker gebaut wurde, klingen zarte Töne eines Streichquartetts. Gut gekleidete Menschen versammeln sich erwartungsvoll. Es wird Champagner serviert. Die historische Dampflok, die heute den Zug den ersten Teil der Strecke zieht, ist die „Pride of Africa". Es ist eine Atmosphäre wie in Agatha Christies Roman „Mord im Orient-Express". Rovos Rail bietet zwei Übernachtungsmöglichkeiten: Die Royal Suites sind ungefähr 16 m² groß; dazu gehören ein Doppelbett und ein Wohnbereich. Im Badezimmer wurden die alten Elemente mit modernen kombiniert. Die De-Luxe-Suiten sind etwa 11 m² groß. Nach der Abfahrt treffen sich die Gäste im Wagen Nr. 226, dem „Observation and Bar Car". Die Fenster wurden vergrößert, und ein Teil der Zugwände ist verglast, um möglichst viel Aussicht zu bieten. Um 20 Uhr wird das Dinner serviert. Die meisten Reisenden ziehen sich elegant an. Es fahren nie mehr Gäste mit, als im Speisewagen sitzen können. Das ist einer der großen Unterschiede zum Blue Train, wo das Essen in zwei Sitzungen serviert wird. Die Speisen sind erlesen, ausgewählt die südafrikanischen Weine. Am Morgen wird das Frühstück um 8 Uhr serviert. Um 10 Uhr erreicht der Zug Kimberley → S. 38, wo die Reisenden zu einer Stadtrundfahrt und einem Besuch im *Kimberley Club*, dem alten Club der Diamantenbarone, eingeladen sind. Auch ein Besuch des *Big Hole and Kimberley Mine Museum* steht auf dem Programm. Erst nach über 700 km Fahrt durch die Karoo kommt der nächste Halt. Zum Frühstück am nächsten Tag hält der Zug in Matjiesfontein, einem historischen Dorf in der Halbwüste. 1876 entdeckte der lungenkranke Schotte Douglas Logan die heilende Wirkung des trockenen Klimas. Für einige Jahrzehnte verwandelte er das Dorf in einen Luftkurort. Noch heute ist Matjiesfontein fast so erhalten wie zu Logans Zeiten.

Nach weiteren zwei Stunden Fahrt ändert sich die Landschaft. Das fruchtbare Kap ist erreicht. Welch ein Augenschmaus nach der Halbwüste Karoo! Vorbei an Farmen zwischen Weinbergen und Obstgärten, nähert sich der Zug Kapstadt → S. 49. Die Reise endet um 18 Uhr auf dem Kapstädter Bahnhof. *Preise und Buchungsinformationen → S. 113*.

 MIT DEM BAZ BUS VON JOHANNESBURG NACH KAPSTADT

 Rucksacktouristen leben günstig in Südafrika und fahren mit dem Baz Bus *(einfache Strecke 3100 Rand, Rückfahrkarte 4600 Rand | Tel. 021 4 22 52 02 | www.bazbus.com).* **Auf der Strecke von Johannesburg nach Kapstadt oder umgekehrt können Sie beliebig oft zu- und aussteigen.**
Vor dem Abflug in Deutschland sollten Sie Ihr erstes Backpacker-Hotel buchen. In Johannesburg ist die *Shoestrings Airport Lodge (Tel. 011 9 75 04 74 | €)* besonders zu empfehlen. Besitzer Rob holt seine Gäste kostenlos vom Flughafen ab. Im Hotel liegt die „Bibel" für Rucksack-

AUSFLÜGE & TOUREN

reisende aus: „Coast to Coast", die die schönsten Pensionen für Backpacker auflistet *(www.coasting.africa.com)*. In den Unterkünften ist immer etwas los. Abends bei einem Bier oder einer Runde Billard werden Reiseerfahrungen und Tipps ausgetauscht. Der Bus holt Fahrgäste an vielen Backpacker-Hotels ab, Sie sollten einen Tag im Voraus buchen. Die Fahrt nach Durban führt entweder über **Swasiland → S. 76** oder durch die **Drakensberge → S. 79**, wo Sie besonders schön im INSIDER TIPP *Amphitheatre Backpackers (Tel. 082 8 55 97 67 | www.amphibackpackers.co.za | €)* im Royal Natal National Park direkt an der Grenze zu Lesotho unterkommen. In **Durban → S. 72** muss wieder übernachtet werden, z. B. im *Banana Backpackers (61 Pine Street | Tel. 031 3 68 40 62 | www.bananabackpackers.co.za | €)*. Für einen Aufpreis bietet der Baz in Durban, Port Elizabeth und Kapstadt Stadtrundfahrten an. Auf der Strecke zwischen Durban und Port Elizabeth liegen drei der schönsten Pensionen Südafrikas für Rucksacktouristen: *The Coffee Shack (Tel. 047 5 75 20 48 | www.coffeeshack.co.za | €)* direkt am Strand im einsam gelegenen Küstenort **Coffee Bay**; das *Buccaneers (Tel. 043 7 34 30 12 | www.cintsa.com | €)* in **Cintsa** mit herrlichem Blick über die Strände des Indischen Ozeans und schließlich das *Away with the Fairies (Bag End | Ambleside Close | Tel. 045 9 62 10 31 | www.awaywiththefairies.co.za | €)* in **Hogsback**. Hier fühlt man sich ein bisschen verzaubert in einem riesigen Garten. In **Port Elizabeth → S. 44** müssen Sie wieder eine Übernachtung einplanen, da der Busfahrer hier pausiert. Ihr nächster Stopp sollte **Jeffrey's Bay → S. 47** sein – ein absolutes Muss, nicht nur für Surfer. Auf der Weiterfahrt nach Kapstadt ist die Übernachtung im *Beach House Backpackers (Western Road | Tel. 044 8 77 05 49 | www.wildernessbeachhouse.com)* in Wilderness zu empfehlen. Von hier sind es nur noch wenige Autostunden nach Kapstadt. Der *Sunflower Stop Backpackers (179 Main Road | Tel. 021 4 34 65 35 | www.sunflowerstop.co.za)* in Green Point ist zentral zwischen Meer und City gelegen. Fast alle Backpacker sind Vorreiter im „grünen" Tourismus in Südafrika.

Der schöne Strand von Jeffrey's Bay ist nicht nur bei Surfern beliebt

SPORT & AKTIVITÄTEN

Dank des Klimas lieben Südafrikaner alles, was im Freien gemacht werden kann. Und Sport steht ganz oben auf der Beliebtheitsskala.

Besonders natürlich Fußball: Mit der Fußball-WM 2010 ist das Interesse viel größer geworden. Rugby und Kricket liegen auf den Plätzen zwei und drei. Aber ganz gleich, um welche Sportart es geht: Wenn eine südafrikanische Nationalmannschaft spielt, steht die Nation hinter ihr.

BALLOONING

Wer eine eher ruhige Art des Abenteuers sucht, sollte sich das Land vom Ballon aus von oben anschauen. *Bill Harrop's Original Balloon Safari (Tel. 011 7 05 32 01 | www.balloon.co.za)* bietet für 2000 Rand Flüge über die Magalies-Berge an.

BUNGEEJUMPING

Von der Bloukransbrücke in der Nähe von Plettenberg Bay können Sie den höchsten Bungeesprung der Welt wagen – 216 m geht's hier in die Tiefe! *(Tel. 042 2 81 14 58 | www.faceadrenalin.com)*. Toll ist auch der Sprung vom Bogen des Moses-Mabhida-Stadions in Durban.

FAHRRAD FAHREN

Da es in Südafrika keine Radwege gibt, ist es meistens nicht empfehlenswert, sich in großen Städten auf das Stahlross zu schwingen – mit einer Ausnahme in

Fast alles ist möglich: geruhsames Golfspiel, aufregendes Tauchen mit Haien, aberwitzig steile Mountainbiketouren

Kapstadt: die Strecke von *Hout Bay* bis zur *Waterfront*. Räder können bei *Downhill Adventures* gemietet werden. Eine INSIDER TIPP Downhill-Tour mit dem Mountainbike führt den Tafelberg hinunter, mit z. T. heftigem Gefälle. Auf der Hälfte der Strecke ist eine kleine Pause inklusive Abkühlung in einem See eingeplant. *Auskunft und Ausrüstung: Downhill Adventures (Tel. 021 4 22 03 88)*. Auch eine Radtour entlang der Garden Route ist ein Erlebnis. *Auskunft: African Bikers (Tel. 021 4 65 20 18)*.

GOLF

Golf erfreut sich besonderer Beliebtheit – sowohl bei den Einheimischen als auch bei den Besuchern. Das Land verfügt über rund 400 Anlagen; viele Turniere werden ausgetragen. In der Kalahari sind die Plätze naturgemäß ein bisschen trockener als im tropischen Klima am Indischen Ozean. Bis auf den Mittwochnachmittag, wenn Geschäftsleute traditionell frei nehmen und die Zeit gern mit Golfspielen verbringen, sind die Plätze leer. Das Greenfee ist kaum der Rede wert. Bei *South African Tourism* (s. S. 112) können Sie die Broschüre „Golf in Südafrika" bekommen. Die schönsten Golfhotels mit den entsprechenden Anlagen sind *Zimbali* in der Nähe von Durban; *Fancourt* an der Garden Route und *Arabella Hotel & Spa (145 Zi. | Tel. 028 2 84 00 00 | www.africanpridehotels.com/arabella-hotel-spa.html | €€€)* in Hermanus. Ein besonderes Erlebnis erlaubt der INSIDER TIPP *Hans Merensky Golf Course (www.hansmerensky.com)* in einem Naturreservat neben dem Kruger National Park: Einlochen in der Gesellschaft wilder Tiere.

HAIFISCHTAUCHEN

Wer mit den Haien tauchen möchte, kann das in *Gansbaai* (etwas mehr als eine Autostunde von Kapstadt). *White Shark Ecoventures (Tel. 021 5 32 04 70 | www.white-shark-diving.com)* bietet das Tauchen mit dem Großen Weißen Hai an. Aus einem Käfig heraus kann man der beeindruckenden Kreatur in die Augen schauen – für 1650 Rand.

HANG GLIDING

Für Gleitschirmfliegen, hier *Hang Gliding* genannt *(www.hanggliding.co.za)*, ist Südafrika mit seinen Bergen ideal. In Kapstadt und KwaZulu-Natal können Sie die nötige Ausrüstung mieten. Schön ist ein Flug vom Franschhoek Pass über das Tal oder vom Lions Head über die Kapstädter Vororte. In den Drakensbergen gibt es auch ideale Ausgangspunkte.

KITE SURFING

Kitesurfing ist der Wassersport, der im Moment die meisten neuen Anhänger findet. Durch die verbesserte Ausrüstung ist es auch nicht mehr so gefährlich. In Kapstadt sind der Strand von Blouberg

Nervenkitzel für Abenteuerlustige: tauchen mit Haien

SPORT & AKTIVITÄTEN

oder die Lagune in Langebaan ideal für diesen Sport. Auch in Port Elizabeth ist Kitesurfing populär. Information: *www.safarinow.com oder www.kitesurfers.co.za*. In Durban gibt es nur einen Verleih: *Ocean to Air (Tel. 031 5 62 88 86 | www.oceantoair.com)* direkt am Strand.

MOTORRADFAHREN

Als Liebhaber vieler Pferdestärken können Sie Touren durch die Kapregion auf Motorrädern unternehmen. Das „Born to be wild"-Gefühl können Sie bei INSIDER TIPP *Harley-Davidson Cape Town (Tel. 021 4 01 42 60)* buchen; hier werden die neuesten Maschinen vermietet und auch Touren über Land organisiert. BMW-Fans finden die richtige Maschine bei *Karoo Biking (www.karoo-biking.de)*.

REITEN

Reiter finden eines der schönsten Reviere am endlosen Strand von *Noerdhoek*, das auf dem Weg zum Cape Point liegt. Pferde vermietet dort *Sleepy Hollow Horseriding (Tel. 021 7 89 23 41)*. Pferdesafaris in der Kalahari bietet der Veranstalter *Tswalu (www.tswalu.com)* an. Reiter können hier wählen zwischen einem kurzen Ausflug (ca. 1 Std.) oder einem Tagesritt mit Picknick unter Bäumen und anschließender kleiner Siesta.

SURFEN

Wegen der phantastischen Wellen kommen Surfer aus aller Welt nach Südafrika. Ein besonders beliebter Platz ist *Jeffrey's Bay* am Indischen Ozean. Profis behaupten, dass es auf der ganzen Welt kaum bessere Wellen gibt als hier *(Jeffreys Bay Surf School | Tel. 042 2 96 03 76)*. Ganz Robuste, die ihr Glück auch im kalten Wasser des Atlantischen Ozeans vor Kapstadt versuchen wollen, bekommen Informationen bei *Downhill Adventures (Tel. 021 4 22 03 88)*.

TAUCHEN

Tauchen ist auch ohne Haie in Südafrika interessant. Besonders schön ist die Unterwasserlandschaft in der Plettenberg Bay. Ausrüstung wird vermietet bei *Ocean Safaris (Tel. 044 5 33 49 63 | www.oceansafaris.co.za)*. In Kapstadt ist die beste Zeit fürs Tauchen zwischen Juni und Oktober, sonst bläst der Wind oft zu heftig. Kurse und Ausrüstung: *Table Bay Diving (Tel. 021 4 19 88 22)*

WANDERN

Wer Ruhe sucht, der sollte wandern, z. B. auf dem *Otter Trail* im *Tsitsikamma National Park*. Fünf Tage geht es am Ozean entlang. Sie brauchen eine Wandergenehmigung (ein Jahr im Voraus beantragen!), ohne die Sie nicht in den Hütten übernachten können. Auskunft: *Tel. 012 4 26 51 11 | bridgetB@sanparks.org*. Das kostenlos zugängliche ● ☼ *Franklin Game Reserve* liegt in Bloemfontein und bietet ein ganz anderes Erlebnis. Auf dem Weg die steilen Hügel hinauf, mit einer Aussicht auf die ganze Region, begegnen Ihnen Gnu, Spring- und Gemsbok. Außerdem leben hier drei Giraffen und viele Strauße, die manchmal ein wenig aggressiv sind. Auskunft: *Bloemfontein Tourism (Tel. 051 4 05 84 90)*

WILDWASSERFAHRTEN

Auf vielen Flüssen des Landes werden Wildwasserfahrten angeboten. Die aufregendste Tour ist die Fahrt auf dem *Orange River* (auch Gariep River). Sie dauert drei Tage. Auskunft: *Felix Unite (Tel. 087 3 54 05 78 | www.felixunite.com)*

MIT KINDERN UNTERWEGS

Südafrika ist ein sehr kinderfreundliches Land, was sicher auch damit zusammenhängt, dass die meisten Familien hier sehr viel größer sind als in Europa.

Zahlreiche Restaurants haben Kindermenüs auf der Karte, und die Bedienung ist immer sehr freundlich zu kleinen Gästen. Sogar Malbücher und Buntstifte haben einige im Angebot. In großen Hotels gibt es üblicherweise einen Babysitterservice, einige bieten auch Kinderprogramme an. Alle populären Strände haben Rettungsschwimmer, die so aussehen wie in der Fernsehserie „Baywatch".

Bei Ferienbuchungen sollten Familien mit Kindern aber auf eine Besonderheit vorbereitet sein: Es ist neuerdings schwierig, in kleinen Gästehäusern und B & Bs unterzukommen. Oft handelt es sich um gut eingerichtete Privathäuser, deren Eigentümer fürchten, kleine Kinder könnten das Interieur beschädigen. So hat es sich in den letzten Jahren immer stärker eingebürgert, Kinder erst ab einem Alter von 12, 14 oder gar ab 16 Jahren als Gäste zu akzeptieren. Es gibt jedoch auch speziell für Kinder geeignete Unterkünfte.

KAPPROVINZEN

BIRDS OF EDEN (131 E6) (*G8*)

Das angeblich größte Vogelfreigehege der Welt schließt sogar ein bisschen Urwald mit ein. Vögel vieler Arten aus allen Kontinenten fliegen hier frei herum. *Tgl. 8–17 Uhr | www.birdsofeden.co.za | Erwachsene 150 Rand, Kinder 75 Rand*

Spaß für die ganze Familie: Ob Vergnügungsparks, Tierbeobachtungen oder Bootstouren – das Angebot für Kinder ist vielfältig

ELEPHANT SANCTUARY
(131 E6) (*G8*)
Junge, gerettete Elefanten haben hier ein neues Zuhause gefunden. Sie werden hier so lange versorgt, bis sie alt und fit genug sind, um in einem Wildpark wieder alleine überleben zu können. Besucher der Station erfahren alles über die intelligenten Dickhäuter und können sie unter Aufsicht auch füttern. *The Crags | Plettenberg Bay | Tel. 044 5 34 81 45 | www.elephantsanctuary.co.za | Erwachsene 425 Rand, Kinder 195 Rand*

INSIDER TIPP KWANDWE PRIVATE GAME RESERVE (132 B5) (*J8*)
Das private Wildreservat liegt in der Nähe von Grahamstown. Eines der Camps, die *Ecca Lodge,* ist ganz auf Kinder eingestellt. Besonders geschulte Ranger erklären den kleinen Gästen die Natur. *6 Zi. | Tel. 046 6 22 78 96 | www.kwandwe.com | €€€*

OCEAN SAFARIS (131 E6) (*G8*)
Die Bootsausflüge starten ab Plettenberg Bay mit dem Ziel, Wale, aber auch

Delphine und Seehunde aus der Nähe zu beobachten. *Tel. 044 5 33 49 63 | Ab 12 Jahre | Erwachsene 400 Rand, Kinder 200 Rand*

KAPSTADT UND UMGEBUNG

DUIKER ISLAND (130 B6) (*D8*)
Von dem kleinen Hafen in Hout Bay fahren Boote die kurze Strecke zur Duiker-Insel, die mit Seehunden bevölkert ist. Besonders empfehlenswert ist die Fahrt mit der „Calypso". Sie hat Fenster im Schiffsboden, sodass Sie schon auf der Fahrt das Treiben im Meer beobachten können. *Tel. 021 7 90 10 40 | 50 Rand pro Pers.*

MONKEY TOWN (130 B5) (*D8*)
20 Affenarten leben hier in weiträumigen Freigehegen, durch die die Besucher geführt werden. Alle Tiere wurden andernorts in Gefangenschaft geboren, dort jedoch nicht artgerecht gehalten. Der Tierschutzverein hat sie deshalb hierher gebracht. *Mondeor Road | Somerset West | Kapstadt | tgl. 9–17 Uhr | Eintritt 80 Rand*

PLANETARIUM (U A4) (*a4*)
Kinder werden hier mit einer speziellen Show (in englischer Sprache) in die Geheimnisse des Universums eingeführt. *25 Queen Victoria Street | Kapstadt | Tel. 021 4 81 38 00 | Erwachsene 25 Rand, Kinder 10 Rand*

SCRATCH PATCH (U F1–2) (*f1–2*)
Echte Diamanten gibt es hier zwar nicht, aber bunte Schmuckstücke anderer Art: In riesigen Kisten, in denen die Kinder sitzen und herumkrabbeln können, liegen Hunderttausende polierter Halbedelsteine. In aller Ruhe lässt sich ein kleiner (oder auch größerer, das kommt natürlich auf das Familienbudget an) Beutel mit den Juwelen Afrikas zusammensuchen. Vor dem Bezahlen werden die Steine gewogen. *V&A Waterfront | Mo–Fr 8.30–16.45, Sa/So 9–17.30 Uhr*

WORLD OF BIRDS (130 B6) (*D8*)
Mehr als 3000 Vögel vieler verschiedener Arten leben hier in einer riesigen Voliere, durch die die Besucher in einem Drahttunnel laufen. *Hout Bay | tgl. 9–17 Uhr | Tel. 021 7 90 27 30 | Erwachsene 70 Rand, Kinder 40 Rand*

KWAZULU-NATAL

INSIDER TIPP NATURAL SCIENCE MUSEUM (133 E3) (*L5*)
In dem Museum lernen Kinder viel über die Tiere Afrikas. Ein Besuch ist besonders vor der Fahrt in ein Wildreservat zu empfehlen. Ein Highlight ist die Sammlung vergrößerter Insekten. *Durban | 234 Anton Lebede Street | Mo–Sa 8.30–16 Uhr | Eintritt frei*

PORT NATAL MARITIME MUSEUM (133 E3) (*L5*)
Außergewöhnliches Museum, das aus drei Kriegsschiffen besteht und wie ein riesiger Spielplatz wirkt. Die Besucher können sich frei bewegen. Alles ist bunt angemalt und mit Erklärungen versehen. *Maritime Place | Durban | Mo–Sa 8.30–16 Uhr | Eintritt frei*

NORDPROVINZEN

FOOTLOOSE TROUTFARM (128 C4) (*J3*)
Hier dürfen nur Kinder Forellen fischen. Die gefangenen Fische können die Eltern dann kaufen. *Johannesburg | bei der Anmeldung um Wegbeschreibung bitten | Di–Fr 8–17, Sa/So 7.30–18 Uhr | Tel. 011 4 64 52 64 | Erwachsene 60 Rand, Kinder 45 Rand*

MIT KINDERN UNTERWEGS

GOLD REEF CITY VERGNÜGUNGSPARK
(128 C4) *(ɱ K3)*
Mehr als 20 Bahnen und Karussells sorgen für abwechslungreiches Vergnügen. Die Fahrt hinunter in einen 200 m tiefen Schacht, in dem früher Gold abgebaut wurde, ist der Höhepunkt. *Johannesburg | M 1 Richtung Süden, Ausfahrt Gold Reef City | tgl. 9.30–17 Uhr | Tel. 011 2 48 68 00 | Eintritt ab 8 Jahren 165 Rand (einschließl. aller Fahrten)*

der Welt, wo Sie die weißen Lipizzaner-Pferde, deren Name sich vom Stammgestüt im slowenischen Lipica ableitet, in Aktion erleben können. *Show So 10.30 Uhr | Tel. 011 7 02 21 03 | Eintritt 130 Rand, Kinder unter 6 J. frei*

INSIDER TIPP ▶ WELLENBAD IN DER LOST CITY **(128 B3)** *(ɱ J3)*
Das Wellenfreibad mit Wasserrutschen in Lost City nordwestlich von Johannes-

Die Hirtenjungen kennen sich aus mit der Natur

JOHANNESBURGER ZOO
(128 C4) *(ɱ J3)*
Über 3000 Tierarten werden im Johannesburger Zoo gehalten: Wer die *Big Five* im Kruger National Park nicht gesehen hat, kann das hier nachholen. Es werden auch Führungen bei Nacht angeboten. *Parkview | tgl. 8.30–17.30 Uhr | Erwachsene 61 Rand, Kinder 38 Rand*

LIPIZZANER **(128 C4)** *(ɱ J3)*
Kyalami (zwischen Johannesburg und Pretoria) ist einer der wenigen Orte auf

burg hat für Besucher jeden Alters etwas zu bieten. Die aufregendste Rutsche dürfen nur Kinder benutzen; sie müssen allerdings über 1,20 m groß sein. Es gibt auch einen kleinen Fluss, auf dem man sich im Schlauchboot langsam durch einen Urwald treiben lässt, sowie einen Beachvolleyballplatz. Die tollste Attraktion: Einmal pro Stunde werden in einer nachgebauten Mine abwechselnd ein Vulkanausbruch oder ein Erdbeben simuliert. *Lost City | tgl. 9–18 Uhr | Erwachsene 150, Kinder 80 Rand*

EVENTS, FESTE & MEHR

In den überlieferten Feiern und in vielen Veranstaltungen Südafrikas spiegelt sich die Vielfalt der Kulturen wider.

OFFIZIELLE FEIERTAGE

1. Jan. Neujahrstag; **21. März** Tag der Menschenrechte; **27. April** Tag der Freiheit; **16. Juni** Tag der Jugend; **9. Aug.** Nationaler Frauentag; **24. Sept.** Heritage-Tag; **16. Dez.** Tag der Versöhnung.
Falls einer dieser Feiertage auf einen Sonntag fällt, ist der folgende Montag der Feiertag.

RELIGIÖSE FEIERTAGE

Rund drei Viertel aller Südafrikaner bekennen sich zum Christentum. Deshalb sind Weihnachten, Ostern und Himmelfahrt im ganzen Land Feiertage.

VERANSTALTUNGEN

JANUAR
Kapstadt: ▶ *Coon Carnival*, Straßenkarneval der *coloureds* vom 1. bis 7. Jan. Die Menschen ziehen bunt gekleidet durch die Straßen, machen Musik und tanzen dazu.
Am letzten Samstag des Monats findet auf dem *Kenilworth Race Course* in Kapstadt das wichtigste und mondänste Pferderennen des Landes statt: das ▶ *J & B Met*.

MÄRZ/APRIL
Oudtshoorn: ▶ *Klein Karoo National Arts Festival;* Kulturfest mit Theateraufführungen und einem Kunstmarkt in der letzten Märzwoche
Kapstadt: ▶ *Cape Argus Cycle Tour;* größtes Straßenrennen der Welt mit über 30 000 Teilnehmern; 2. Sonntag im März

APRIL
Kapstadt: Nationale und internationale Musiker treffen sich beim ▶ *Cape Town International Jazz Festival* am ersten Wochenende im April.

JUNI
Pietermaritzburg und Durban: ▶ *Comrades Marathon;* jährlicher Lauf über die Distanz zwischen den beiden Städten am 16. Juni

JUNI/JULI
Grahamstown: ▶ *National Arts Festival;* zwei Wochen lang (letzte Juni– bis erste

Blütenpracht, Musik und Tanz: Ihr Abwechslungsreichtum macht die südafrikanischen Feste unvergesslich

Juliwoche) verwandelt sich das verschlafene Universitätsstädtchen in eine Arena für Kunst.

JULI
Knysna: ▶ *Knysna Oyster Festival;* Austern stehen in der ersten Juliwoche im Mittelpunkt, wie z. B. beim Austernkochwettbewerb und beim Austernwettessen. Dazu gibt es viele Sportveranstaltungen.
Franschhoek: ▶ *Bastille Day;* am Sonntag, der dem 14. Juli am nächsten ist, erinnern die Weinfarmer und Restaurantbesitzer an die Gründer ihres Dorfs: ein Fest mit den besten Weinen und Speisen der Region.

AUGUST
Kapstadt: Die ▶ *Cape Town Fashion Week* in der zweiten Augustwoche ist ein Schaufenster südafrikanischer Mode.

SEPTEMBER
Hermanus: ▶ *Whale Festival;* zwischen Juni und November kommen Wale an die Küste des Indischen Ozeans, um sich zu paaren und ihre Jungen zur Welt zu bringen. Das Festival am letzten Septemberwochenende steht ganz im Zeichen der großen Meeressäugetiere.

OKTOBER
Pretoria: ▶ *Jacaranda Festival;* wenn in der Innenstadt das zarte Lila der Blüten von 70 000 Jacaranda-Bäumen leuchtet, findet in der dritten Oktoberwoche ein Straßenfest mit Musikanten und einem großen Floh- und Bauernmarkt statt.
Stellenbosch: ▶ *Food and Wine Festival;* alle Weine aus dem Anbaugebiet um Stellenbosch; letzter Oktobermittwoch bis -samstag

DEZEMBER
Sun City/Lost City: ▶ INSIDER TIPP *1-Million-Dollar-Golf-Turnier;* die weltbesten Spieler werden zu diesem Turnier eingeladen.

LINKS, BLOGS, APPS & MORE

LINKS

▶ www.marcopolo.de/suedafrika Alles auf einen Blick zu Ihrem Reiseziel: Interaktive Karten inklusive Planungsfunktion, Impressionen aus der Community, aktuelle News und Angebote ...

▶ www.zar.co.za Auf dieser Seite werden viele Fragen zu Südafrika beantwortet. Wie viel Menschen leben genau in Südafrika, wie war das Leben von Nelson Mandela und wann waren die Burenkriege?

▶ www.sa-venues.com Hier finden Sie selbst im kleinsten Dorf eine Hotel- oder Gasthausempfehlung. Es sind nicht unbedingt alle Übernachtungsmöglichkeiten aufgelistet, aber dafür gibt es für jeden Ort eine kleine Einführung

▶ www.suedafrika-wein.de Auf der Seite der Gemeinschaftsorganisation aller südafrikanischen Weinproduzenten erfahren Sie alles über Wein in Südafrika, über Geschichte, Regionen, Rebarten und Bezugsquellen

▶ www.tripadvisor.com Wie in vielen Ländern ist die Hotel Check Up Seite Tripadvisor auch in Südafrika aktiv und, was nicht für die ganze Welt gilt, gut. Besonders die Destination Experts sind qualifiziert

BLOGS & FOREN

▶ www.whatidranklastnight.co.za Weinkenner Christian Eedes hat seine Lebensphilosophie zum Motto seines Blogs gemacht: „Good booze, good food, good company". Humorvoll und mit viel Wissen beschreibt er nicht nur die besten Weine, sondern auch Restaurants, die er mag

▶ www.sprig.co.za Hochausgezeichneter Blog, der sich mit allen grünen Aspekten im Leben der Südafrikaner beschäftigt. Besonders interessant, weil in Südafrika neue Energien zwar verspätet aber dafür mit ziemlichem Tempo eingesetzt werden sollen

▶ www.groupon.co.za Sonderangebote für Hotelübernachtungen, Spa Behandlungen und vieles mehr. Der

Egal, ob Sie sich vorbereiten auf Ihre Reise oder vor Ort sind: Mit diesen Adressen finden Sie noch mehr Informationen, Videos und Netzwerke, die Ihren Urlaub bereichern.

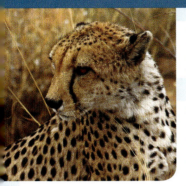

Besuch ist ein Muss, bevor Sie eine Reise nach Südafrika planen. Da gibt es zum Beispiel eine Massage anstatt für 600 Rand auch mal für 99 Rand

VIDEOS & STREAMS

▶ www.southafrica.info/video Nicht nur besonders schöne Reisevideos werden hier gezeigt, sondern auch ernstere, die auf die sozialen Probleme des Landes hinweisen

▶ www.myvideo.co.za Hier kann jeder seine Handy-Videos zeigen. Dadurch entsteht eine bunte Mischung aus allen Aspekten des Lebens in Südafrika

▶ www.africam.com/wildlife Auf dieser Seite werden online Livesafaris gezeigt. In verschiedenen Wildparks werden zum Beispiel die Wasserlöcher beobachtet. Fast so gut, als wären Sie da

APPS

▶ Platter's Wine Guide Die Bibel des südafrikanischen Weins können Sie sich aufs Handy laden. So ist es einfacher, den richtigen Wein in den doch manchmal sehr umfangreichen Weinkarten zu erkennen

▶ Food 24 Für alle, die gern schlemmen. Alle Informationen zu über 3000 Restaurants, was Gäste darüber denken und wie sich die Preise vergleichen. Kostenlose App

▶ CoPilot South Africa Das beste Navigationssystem für Südafrika ist für knapp 30 Euro zu bekommen. Aber seien Sie nicht enttäuscht, wenn nicht jedes Dorf zu finden ist. Es gibt große, kaum besiedelte Landstriche, und die sind noch nicht im System

NETWORK

▶ www.facebook.com/home.php#!/CapeTown.Travel Auf der Facebookseite „I love Cape Town" treffen sich über 200 000 Fans der Mothercity und tauschen sich darüber aus, was los ist, was geht und was man machen soll

▶ www.twitter.com/suedafrika Diese Twitterseite ist dem Infotainment im weitesten Sinn gewidmet, weil nicht nur Neuigkeiten in Kunst und Kultur, sondern auch mal die Ergebnisse der Rugby- oder Fußballmannschaften diskutiert werden

PRAKTISCHE HINWEISE

ANREISE

South African Airways (www.flysaa. com) fliegt fast täglich von Frankfurt/M. nach Johannesburg oder Kapstadt. Die Flugzeit nach Johannesburg beträgt zehn, nach Kapstadt zwölf Stunden. Ein Ticket für Hin- und Rückflug können Sie für unter 1000 Euro bekommen. Auch *Lufthansa (www.lufthansa. de)* fliegt täglich von Frankfurt. Fragen Sie nach Sondertarifen. *British Airways (www.british-airways.com)* und *Emirates (www.emirates.com)* bieten sie oft an. Am preiswertesten ist der Flug im südafrikanischen Winter zwischen Ende April und Ende Juni. Auch im August und September gibt es günstige Flüge. Am meisten zahlen Sie zwischen Dezember und April und müssen dann weit im Voraus buchen. Für Flüge innerhalb Südafrikas bieten sich die meist preiswerteren privaten Fluggesellschaften an.

AUSKUNFT

SOUTH AFRICAN TOURISM
Friedensstr. 6 | 60311 Frankfurt/M. | Tel. 069 92 91 29 33 | www.southafricantourism.de
Es gibt keine Büros mehr in Österreich oder in der Schweiz.

AUTO

In Südafrika darf kein Auto ohne die Haftpflichtversicherung *Third Party* gefahren werden, die nur Personenschäden deckt. Die Höchstgeschwindigkeit beträgt in Ortschaften 60 km/h, auf Landstraßen 100 km/h und auf der Autobahn 120 km/h. Wer bei zu schnellem Fahren erwischt wird, muss tief in die Tasche greifen. Es herrscht Linksverkehr. Die Promillegrenze liegt bei 0,5.
Rund 84 000 km Straße sind befestigt, weitere 163 000 km ohne festen Belag. Einige Autobahnstrecken, z. B. um Johannesburg und Durban und fast die ganze Strecke von Johannesburg bis zum Kruger National Park, sind mautpflichtig; am besten zahlen Sie per Kreditkarte. Die Strecken sind durch ein weißes T auf blauem Grund gekennzeichnet. Etwas verwirrend ist für Besucher aus Europa die Verkehrsregelung an Kreuzungen mit vier Stoppschildern. Rechts vor links gilt nur dann, wenn zwei Autos gleichzeitig heranfahren. Ansonsten fährt das Auto zuerst, das zuerst ankommt. Die anderen folgen nach dem gleichen Prinzip.

GRÜN & FAIR REISEN

Auf Reisen können auch Sie mit einfachen Mitteln viel bewirken. Behalten Sie nicht nur die CO_2-Bilanz für Hin- und Rückflug im Hinterkopf *(www.atmosfair.de)*, sondern achten und schützen Sie auch nachhaltig Natur und Kultur im Reiseland *(www.gate-tourismus.de; www.zukunft-reisen.de; www.ecotrans.de)*. Gerade als Tourist ist es wichtig, auf Aspekte zu achten wie Naturschutz *(www.nabu.de; www.wwf.de)*, regionale Produkte, Fahrradfahren (statt Autofahren), Wassersparen und vieles mehr. Wenn Sie mehr über ökologischen Tourismus erfahren wollen: europaweit *www.oete.de*; weltweit *www.germanwatch.org*

Von Anreise bis Zoll

Urlaub von Anfang bis Ende: die wichtigsten Adressen und Informationen für Ihre Südafrikareise

Im ganzen Land ist der Automobilclub AA vertreten.

BACKPACKER

Die Übernachtungsmöglichkeiten für Backpacker sind in Südafrika sehr gut. Viele Häuser bieten neben Schlafsälen auch Doppelzimmer mit privaten Bädern. Sie sind eine wirkliche Alternative auch für Koffertouristen – und viel billiger als selbst ein B & B. Die „Bibel" für diese Art des Reisens ist der Führer „Coast to Coast", den es in jedem Backpacker kostenlos gibt (*www.coastingafrica.com*).

BAHN

Die normalen Zugverbindungen sind nicht empfehlenswert, sie sind meist langsam und unbequem. Die meisten Urlauber nutzen deswegen die Luxuszüge. Eine Fahrt im Zug *Blue Train (Reservierungen: Tel. 012 3 34 84 59 | www.bluetrain.co.za*) ist unvergesslich. Von Kapstadt nach Pretoria, mit nur einem Stopp in Johannesburg, dauert die Reise rund 24 Stunden. Der Zug fährt montags, mittwochs und freitags in beide Richtungen. Die Preise liegen für eine einfache Fahrt zwischen 14 060 und 24 095 Rand pro Person, je nach Jahreszeit und danach, ob man eine Kabine teilt.

Ähnlich lebt das goldene Zeitalter der Dampflokomotive und der Luxusreisen bei der *Rovos Rail (Tel. 012 3 15 82 42 | www.rovosrail.com)* wieder auf. Die Fahrten in Südafrika kosten zwischen 14 300 und 28 600 Rand pro Person.

Der große Unterschied zwischen den beiden Zugfahrten ist, dass Rovos Rail doppelt so lange braucht: 48 Stunden. Es ist eine gemütliche und erholsame Art zu reisen. Die geringere Geschwindigkeit macht es auch möglich, die Fenster während der Fahrt zu öffnen. In beiden Nächten bleibt der Zug einige Stunden stehen, um einen ruhigen Schlaf für die Passagiere sicherzustellen.

BED & BREAKFAST

Der englischen Tradition folgend gibt es viele Bed & Breakfast-Gästehäuser in

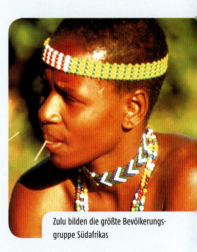

Zulu bilden die größte Bevölkerungsgruppe Südafrikas

Südafrika. Oft werden sie von den Besitzern geführt, die ihren Gästen gern jede Auskunft geben und bei der Planung der weiteren Reiseroute helfen. Sehr gute B & Bs werden von der Organisation *Portfolio Collection* in einer umfangreichen Broschüre vorgestellt. Kataloge gibt es in südafrikanischen Reisebüros. Zentrale Reservierungen können Sie unter *Tel. 021 7 02 12 36 | www.portfoliocollection.com* tätigen.

BUS

Von der Fußballweltmeisterschaft hat zumindest in den Austragungsstädten das öffentliche Transportsystem profitiert. Das Transportmittel Nummer eins ist nach wie vor das „Mini-Taxi", ein kleiner Bus für 12–15 Passagiere. Die Kleinbusse fahren auf allen Strecken und halten überall auf Wunsch an. In den letzten Jahren ist es durch Subventionen gelungen, die Busunternehmer dazu zu bringen, neue und sicherere Fahrzeuge anzuschaffen.

CAMPING

Wegen seines Klimas ist Südafrika ein ideales Land für Camper. Campingplätze sind in allen Städten vorhanden, an vielen Stränden, in Naturparks und Wildschutzgebieten. Oft werden dort auch Hütten oder Bungalows angeboten *(Auskunft: Tel. 033 3 26 13 70 | www.caravanparks.co.za)*. Wohnmobile können Sie zum Beispiel bei der Verleihfirma *Around About Cars (www.aroundaboutcars.com)* mieten.

WAS KOSTET WIE VIEL?

Kruger Park	22 Euro
	Eintritt pro Person
Kaffee	1 Euro
	für eine Tasse Kaffee
Cola	65 Cent
	für eine Dose
Benzin	ca. 0,90 Euro
	für einen Liter
Sonnencreme	ca. 5 Euro
	für eine Tube
Steak	9 Euro
	für ein 500-g-Steak

DIPLOMATISCHE VERTRETUNGEN

DEUTSCHES GENERALKONSULAT
Safmarine House | 19th Floor | 22 Riebeeck Street | Cape Town 8001 | Tel. 021 4 05 30 00

ÖSTERREICHISCHE BOTSCHAFT
454 A Fehrsen Street | Pretoria | Tel. 0112 4 52 91 55

SCHWEIZER KONSULAT
1 Thibault Square | Cape Town 8001 | Tel. 021 4 18 36 65

EINREISE

Besucher aus Deutschland, der Schweiz und Österreich brauchen kein Visum, wenn sie nicht länger als drei Monate in Südafrika bleiben wollen. Dann genügt zur Einreise der Reisepass, der noch mindestens sechs Monate gültig sein und mindestens zwei ungestempelte Seiten haben muss.

GESUNDHEIT

Besuchern des Kruger National Parks, der angrenzenden Wildschutzgebiete der Wildreservate in Limpopo, Mpumalanga und Natal wird eine Malariaprophylaxe empfohlen. Es reicht, wenn Sie damit in Südafrika beginnen. Die Tabletten gibt es rezeptfrei in jeder Apotheke. Es sind keine Impfungen nötig.

Das südafrikanische Gesundheitssystem hat einen hohen Standard. In fast allen größeren Orten gibt es hervorragende private Krankenhäuser. Europäische Krankenscheine werden nicht akzeptiert. Es empfiehlt sich deshalb dringend, eine Auslandskrankenversicherung mit Rückholversicherung abzuschließen. Ärzte stehen im Telefonbuch unter *Medical Prac-*

PRAKTISCHE HINWEISE

titioners. Apotheke heißt *Chemist* oder *Pharmacy.*

INTERNET & WLAN

WLAN und Internetzugang kann in Südafrika für Überraschungen sorgen. Es gibt 5-Sterne-Hotels in Touristenhochburgen, die diesen Service nicht bieten, dagegen aber kleine Gästehäuser in abgelegen Orten, die die neueste Technologie haben. Mit den Kosten ist es ähnlich: Für manche Hotels, Restaurants und Cafés gehört es zum Kundendienst und ist umsonst, andere verlangen Wucherpreise. Ist Internet/WLAN für Sie wichtig, sollten Sie sich bei der Übernachtungsbuchung vergewissern, dass es angeboten wird. Allgemeine Infos zu Südafrika: *www.suedafrika.net*, *www.southafrica.info*, *www.sa-venues.com*

MEHRWERTSTEUER

Bei einem Einkauf von über 250 Rand wird die Mehrwertsteuer von 14 Prozent erstattet. Beim Kauf eine *Tax Invoice* verlangen und diese am Flughafen oder im Büro von *Waterfront Tourism* (nur in Kapstadt) vorlegen.

MIETWAGEN

Mietwagen sind in Südafrika preiswerter als in Deutschland. Sie können in allen Städten Autos mieten, aber besser ist es, von Deutschland aus zu buchen. Das Mindestalter, um ein Auto zu mieten, beträgt 23 Jahre. Ein internationaler Führerschein ist erforderlich. In der Hauptsaison kostet ein Mittelklassewagen für 14 Tage mit einer täglichen Kilometerbeschränkung von 200 km etwa 250 Rand. Die großen Vermieter sind *Avis* (www.avis.co.za), *Budget* (www.budget.co.za) und *Hertz* (www.hertz.co.za).

ÖFFNUNGSZEITEN

Die Geschäfte in Südafrika sind meist montags bis freitags von 8.30 bis 17 Uhr,

WÄHRUNGSRECHNER

€	ZAR	ZAR	€
1	14,10	10	0,70
2	28,20	20	1,40
3	42,30	25	1,75
4	56,40	30	2,10
5	70,50	40	2,80
7	98,70	50	3,50
10	141,00	100	7,00
25	352,50	150	10,50
90	1269,00	250	17,50

samstags von 9.30 bis 13 Uhr geöffnet. Die großen Einkaufszentren der Städte sind an sieben Tagen in der Woche geöffnet, meistens samstags bis 17 Uhr und sonntags bis 13 Uhr. Die *Waterfront* in Kapstadt hat an 365 Tagen im Jahr von 9 bis 21 Uhr geöffnet. Schalterstunden der Post: *Mo–Fr 8.30–16.30, Sa 8–12 Uhr*

POST

Postkarten nach Europa kosten 5,70 Rand, ein Brief bis 10 g 6,60 Rand. Luftpostaufkleber nicht vergessen. Dann braucht die Post fünf bis sieben Tage.

PREISE & WÄHRUNG

Die südafrikanische Währung ist der Rand. Es kann bis zu 20 Prozent günstiger sein, in Südafrika Geld zu wechseln. Travellerchecks werden von fast allen Banken eingetauscht. An vielen Geldautomaten können Sie mit Ihrer EC-Karte Geld abheben, wenn sie das Maestro-Zeichen hat. Öffnungszeiten der Banken:

Mo–Fr 9–15.30, Sa 9–11 Uhr. In kleinen Orten schließen die Geldinstitute manchmal über Mittag. Alle Kreditkarten werden akzeptiert. An Tankstellen muss jedoch bar bezahlt werden.

SAFARIS

Besuche in den Wildparks werden für jeden Geschmack und Geldbeutel angeboten. Preiswert können Sie in den staatlichen Parks *(€)* übernachten. Buchen Sie einen solchen Aufenthalt am besten ein Jahr im Voraus: *National Parks (Tel. 012 4 28 91 11 | reservations@sanparks.org)*. KwaZulu-Natal verwaltet die staatlichen Parks in seinen Landesgrenzen selbst *(Tel. 033 8 45 10 02 | www.kznwildlife.com)*. Beste Zeit für den Besuch eines Wildparks ist der südafrikanische Winter (April bis September). Im Sommer, zur Regenzeit, zieht es die Tiere nicht an die Wasserlöcher, wo man sie gut beobachten kann. Auch sind die Bäume und Sträucher viel üppiger, sodass Sie weniger sehen. Wenn Sie mit dem Auto einen öffentlichen Wildpark besuchen, sollten Sie die vorgegebene Route aus Sicherheitsgründen nicht verlassen. Steigen Sie auch nicht aus dem Auto aus und halten Sie die Fenster stets geschlossen.

STROM

Netzspannung 220 Volt Wechselstrom, 50 Hertz. Häufig brauchen Sie einen Zwischenstecker, den es nur in Südafrika gibt (wird in Hotels angeboten).

TELEFON & HANDY

Telefonnummern sind zehnstellig, die ehemalige Ortsvorwahl muss immer mitgewählt werden.

WETTER IN JOHANNESBURG

	Jan.	Feb.	März	April	Mai	Juni	Juli	Aug.	Sept.	Okt.	Nov.	Dez.
Tagestemperaturen in °C	26	25	24	22	19	17	17	20	23	25	25	26
Nachttemperaturen in °C	15	14	13	10	6	4	4	6	9	12	13	14
Sonnenschein Stunden/Tag	8	8	7	8	9	9	9	10	9	9	9	9
Niederschlag Tage/Monat	13	9	8	7	3	1	0	1	2	8	11	12

PRAKTISCHE HINWEISE

Auf der Suche nach der perfekten Welle: Surfer vor Durban

An den Flughäfen des Landes werden Mobiltelefone vermietet. Wer sein Handy benutzen möchte, sollte vorher mit seinem Provider klären, ob es in Südafrika funktioniert. Seit 2012 ist es leider für Ausländer erschwert worden, eine südafrikanische Simcard zu erwerben. Bei den Anbietern muss eine bestätigte Wohnadresse angegeben werden. Hotels und Gästehäuser übernehmen das häufig. Wer eine Wohnung oder ein Haus mietet, muss die Anschrift bei der Polizei beglaubigen lassen. Airtime kann unter anderem in Supermärkten und Tankstellen gekauft werden.

Vorwahl für Deutschland: 0049, für die Schweiz: 0041, für Österreich: 0043, für Südafrika: 0027.

Wichtige Telefonnummern: Nationale Telefonauskunft *Tel. 1023* / Intern. Telefonauskunft *109 03* / Polizei *10111* / Krankenwagen und Feuerwehr *10177* / Notfallnummer vom Festnetz *107* / Notfallnummer vom Handy *112* / Polizei *10111* / Touristische und Sicherheitsinformation *08 3123 23 45*

TRINKGELD

Generell wird in Südafrika zwischen 10 und 15 Prozent Trinkgeld gegeben. Das gilt besonders in Restaurants, weil dort im Preis die Bedienung nicht eingeschlossen ist – meistens jedenfalls. In den letzten Jahren sind einige Restaurants, besonders in den Tourismusmetropolen, allerdings dazu übergegangen, 10 Prozent vom Betrag als Service gleich auf die Rechnung aufzuschlagen. Sie sollten also das Kleingedruckte unbedingt kontrollieren.

ZEITUNTERSCHIED

Während der europäischen Sommerzeit, also im südafrikanischen Winter, herrscht Zeitgleichheit. Im europäischen Winter hingegen ist Südafrika uns eine Stunde voraus.

ZOLL

Bei der Einreise nach Südafrika dürfen Sie u. a. 1 l Spirituosen, 200 Zigaretten und Waren im Wert von 200 Rand bei sich haben, ohne dass Sie dafür Zoll bezahlen müssen. Bei Rückkehr in die EU dürfen Sie u. a. zollfrei einführen: 200 Zigaretten, 1 l Spirituosen und Waren im Wert bis zu 430 Euro, in die Schweiz bis zu 110 Euro. Riskieren Sie nicht die Ausfuhr geschützter Pflanzen und Tiere sowie deren Produkte; das ist streng verboten. Die Einfuhr von Samen und Pflanzen ist ebenfalls nicht gestattet. Nähere Informationen finden Sie unter *www.zoll.de*.

SPRACHFÜHRER ENGLISCH

AUSSPRACHE

Zur Erleichterung der Aussprache sind alle englischen Wörter mit einer einfachen Aussprache (in eckigen Klammern) versehen. Folgende Zeichen sind Sonderzeichen:

- Θ   hartes [s] (gesprochen mit Zungenspitze an der oberen Zahnreihe, zischend)
- D   weiches [s] (gesprochen mit Zungenspitze an der oberen Zahnreihe, summend)
- '   nachfolgende Silbe wird betont
- ə   angedeutetes [e] (wie in „Bitte")

AUF EINEN BLICK

ja/nein/vielleicht	yes [jäs]/no [nəu]/maybe [mäibi]
bitte/danke	please [plihs]/thank you [Θänkju]
Entschuldige!	Sorry! [Sori]
Entschuldigen Sie!	Excuse me! [Iks'kjuhs mi]
Darf ich …?	May I …? [mäi ai …?]
Wie bitte?	Pardon? ['pahdn?]
Ich möchte …/Haben Sie …?	I would like to …[ai wudd 'laik tə …]/ Have you got …? ['Həw ju got …?]
Wie viel kostet …?	How much is …? ['hau matsch is …]
Das gefällt mir (nicht).	I (don't) like this. [Ai (dəunt) laik Dis]
gut/schlecht	good [gud]/bad [bäd]
offen/geschlossen	open ['oupän]/closed ['klousd]
kaputt/funktioniert nicht	broken ['brəukən]/doesn't work ['dasənd wörk]
Hilfe!/Achtung!/Vorsicht!	Help! [hälp]/Attention! [ə'tänschən]/Caution! ['koschən]

BEGRÜSSUNG & ABSCHIED

Guten Morgen!/Tag!	Good morning! [gud 'mohning]/afternoon! [aftə'nuhn]
Gute(n) Abend!/Nacht!	Good evening! [gud 'ihwning]/night! [nait]
Hallo!/Auf Wiedersehen!	Hello! [hə'ləu]/Goodbye! [gud'bai]
Tschüss!	Bye! [bai]
Ich heiße …	My name is … [mai näim is …]
Wie heißen Sie/heißt Du?	What's your name? [wots jur näim?]
Ich komme aus …	I'm from … [Aim from …]

Do you speak English?

„Sprichst du Englisch?" Dieser Sprachführer hilft Ihnen, die wichtigsten Wörter und Sätze auf Englisch zu sagen

DATUMS- & ZEITANGABEN

Montag/Dienstag	monday ['mandäi]/tuesday ['tjuhsdäi]
Mittwoch/Donnerstag	wednesday ['wänsdäi]/thursday ['Θöhsdäi]
Freitag/Samstag	friday ['fraidäi]/saturday ['sätərdäi]
Sonntag/Werktag	sunday ['sandäi]/weekday ['wihkdäi]
Feiertag	holiday ['holidäi]
heute/morgen/gestern	today [tə'däi]/tomorrow [tə'morəu]/yesterday ['jästədäi]
Stunde/Minute	hour ['auər]/minutes ['minəts]
Tag/Nacht/Woche	day [däi]/night [nait]/week [wihk]
Monat/Jahr	month [manΘ]/year [jiər]
Wie viel Uhr ist es?	What time is it? [wot 'taim is it?]
Es ist drei Uhr.	It's three o'clock. [its Θrih əklok]

UNTERWEGS

links/rechts	left [läft]/right [rait]
geradeaus/zurück	straight ahead [streit ə'hät]/back [bäk]
nah/weit	near [niə]/far [fahr]
Eingang/Einfahrt	entrance ['äntrənts]/driveway ['draifwäi]
Ausgang/Ausfahrt	exit [ägsit]/exit [ägsit]
Abfahrt/Abflug/Ankunft	departure [dih'pahtschə]/departure [dih'pahtschə]/arrival [ə'raiwəl]
Darf ich Sie fotografieren?	May I take a picture of you? [mäi ai täik ə 'piktscha of ju?]
Wo ist …?/Wo sind …?	Where is …? ['weə is…?]/Where are …? ['weə ahr …?]
Toiletten/Damen/Herren	toilets ['toilət] (auch: restrooms [restruhms])/ladies ['läidihs]/gentlemen ['dschäntlmən]
Bus/Straßenbahn	bus [bas]/tram [träm]
U-Bahn/Taxi	underground ['andəgraunt]/taxi ['tägsi]
Parkplatz/Parkhaus	parking place ['pahking pläis]/car park ['kahr pahk]
Stadtplan/(Land-)Karte	street map [striht mäp]/map [mäp]
Bahnhof/Hafen	(train) station [(träin) stäischən]/harbour [hahbə]
Flughafen	airport ['eəpohrt]
Fahrplan/Fahrschein	schedule ['skädjuhl]/ticket ['tikət]
Zug/Gleis	train [träin]/track [träk]
einfach/hin und zurück	single ['singəl]/return [ri'törn]
Ich möchte … mieten.	I would like to rent … [Ai wud laik tə ränt …]
ein Auto/ein Fahrrad	a car [ə kahr]/a bicycle [ə 'baisikl]
Tankstelle	petrol station ['pätrol stäischən]
Benzin/Diesel	petrol ['pätrəl]/diesel ['dihsəl]
Panne/Werkstatt	breakdown ['bräikdaun]/garage ['gärasch]

ESSEN & TRINKEN

Reservieren Sie uns bitte für heute Abend einen Tisch für vier Personen.	Could you please book a table for tonight for four? [kudd juh 'plihs buck ə 'täibəl for tunait for fohr?]
Die Speisekarte, bitte.	The menue, please. [Də 'mänjuh plihs]
Könnte ich bitte ... haben?	May I have ...? [mäi ai häw ...?]
Messer/Gabel/Löffel	knife [naif]/fork [fohrk]/spoon [spuhn]
Salz/Pfeffer/Zucker	salt [sohlt]/pepper ['päppə]/sugar ['schuggə]
Essig/Öl	vinegar ['vinigə]/oil [oil]
Milch/Sahne/Zitrone	milk [milk]/cream [krihm]/lemon ['lämən]
mit/ohne Eis/Kohlensäure	with [wiD]/without ice [wiD'aut ais]/gas [gäs]
Vegetarier(in)/Allergie	vegetarian [wätschə'tärien]/allergy ['ällədschi]
Ich möchte zahlen, bitte.	May I have the bill, please? [mäi ai häw De bill plihs]
Rechnung/Quittung	invoice ['inwois]/receipt [ri'ssiht]

EINKAUFEN

Wo finde ich ...?	Where can I find ...? [weə kän ai faind ...?]
Ich möchte .../Ich suche ...	I would like to ... [ai wudd laik tu]/I'm looking for ... [aim luckin foə]
Brennen Sie Fotos auf CD?	Do you burn photos on CD? [Du ju börn 'fəutəus on cidi?]
Apotheke/Drogerie	pharmacy ['farməssi]/chemist ['kemist]
Bäckerei/Markt	bakery ['bäikəri]/market ['mahkit]
Lebensmittelgeschäft	grocery ['grəuscheri]
Supermarkt	supermarket ['sjupəmahkət]
100 Gramm/1 Kilo	100 gram [won 'handrəd gräm]/1 kilo [won kiləu]
teuer/billig/Preis	expensive [iks'pänsif]/cheap [tschihp]/price [prais]
mehr/weniger	more [mor]/less [läss]
aus biologischem Anbau	organic [or'gännik]

ÜBERNACHTEN

Ich habe ein Zimmer reserviert.	I have booked a room. [ai häw buckt ə ruhm]
Haben Sie noch ...?	Do you have any ... left? [du ju häf änni ... läft?]
Einzelzimmer	single room ['singəl ruhm]
Doppelzimmer	double room ['dabbəl ruhm] (Bei zwei Einzelbetten: twin room ['twinn ruhm])
Frühstück/Halbpension	breakfast ['bräckfəst]/half-board ['hahf boəd]
Vollpension	full-board [full boəd]
Dusche/Bad	shower ['schauər]/bath [bahΘ]
Balkon/Terrasse	balcony ['bälkəni]/terrace ['tärräs]
Schlüssel/Zimmerkarte	key [ki]/room card ['ruhm kahd]
Gepäck/Koffer/Tasche	luggage ['laggətsch]/suitcase ['sjutkäis]/bag [bäg]

SPRACHFÜHRER

BANKEN & GELD

Bank/Geldautomat	bank [bänk]/ATM [äi ti äm]/cash machine ['käschməschin]
Geheimzahl	pin [pin]
Ich möchte ... Euro wechseln.	I'd like to change ... Euro. [aid laik tu tschäindsch ... iuhro]
bar/ec-Karte/Kreditkarte	cash [käsch]/ATM card [äi ti äm kahrd]/credit card [krädit kahrd]
Banknote/Münze	note [nout]/coin [koin]
Wechselgeld	change [tschäindsch]

TELEKOMMUNIKATION & MEDIEN

Ich suche eine Prepaidkarte.	I'm looking for a prepaid card. [aim 'lucking fohr ə 'pripäid kahd]
Wo finde ich einen Internetzugang?	Where can I find internet access? [wär känn ai faind 'internet 'äkzäss?]
Brauche ich eine spezielle Vorwahl?	Do I need a special area code? [du ai nihd ə 'späschəl 'äria koud?]
Computer/Batterie/Akku	computer [komp'jutə]/battery ['bättəri]/rechargeable battery [ri'tschahdschəbəl 'bättəri]
At-Zeichen („Klammeraffe")	at symbol [ät 'simbəl]
Internetanschluss/WLAN	internet connection ['internet kə'näktschən]/Wifi [waifai] (auch: Wireless LAN ['waərläss lan])
E-Mail/Datei/ausdrucken	email ['imäil]/file [fail]/print [print]

ZAHLEN

0	zero ['sirou]		18	eighteen [äi'tihn]
1	one [wan]		19	nineteen [nain'tihn]
2	two [tuh]		20	twenty ['twänti]
3	three [Θri]		21	twenty-one ['twänti 'wan]
4	four [fohr]		30	thirty [Θör'ti]
5	five [faiw]		40	fourty [fohr'ti]
6	six [siks]		50	fifty [fif'ti]
7	seven ['säwən]		60	sixty [siks'ti]
8	eight [äit]		70	seventy ['säwənti]
9	nine [nain]		80	eighty ['äiti]
10	ten [tän]		90	ninety ['nainti]
11	eleven [i'läwn]		100	(one) hundred [('wan) 'handrəd]
12	twelve [twälw]		200	two hundred ['tuh 'handrəd]
13	thirteen [Θör'tihn]		1000	(one) thousand [('wan) Θausənd]
14	fourteen [fohr'tihn]		2000	two thousand ['tuh Θausənd]
15	fifteen [fif'tihn]		10000	ten thousand ['tän Θausənd]
16	sixteen [siks'tihn]		1/2	a/one half [ə/wan 'hahf]
17	seventeen ['säwəntihn]		1/4	a/one quarter [ə/wan 'kwohtə]

EIGENE NOTIZEN

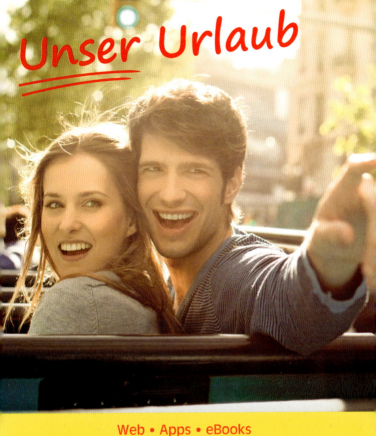

MARCO ⊕ POLO

Unser Urlaub

Web • Apps • eBooks

Die smarte Art zu reisen

Jetzt informieren unter:

www.marcopolo.de/digital

Individuelle Reiseplanung,
interaktive Karten, Insider-Tipps.
Immer, überall, aktuell.

REISEATLAS

Die grüne Linie ▬▬ zeichnet den Verlauf der Ausflüge & Touren nach
Die blaue Linie ▬▬ zeichnet den Verlauf der Perfekten Route nach

Der Gesamtverlauf aller Touren ist auch in der
herausnehmbaren Faltkarte eingetragen

Bild: Köcherbaumwald

Unterwegs in Südafrika

Die Seiteneinteilung für den Reiseatlas finden Sie auf dem hinteren Umschlag dieses Reiseführers

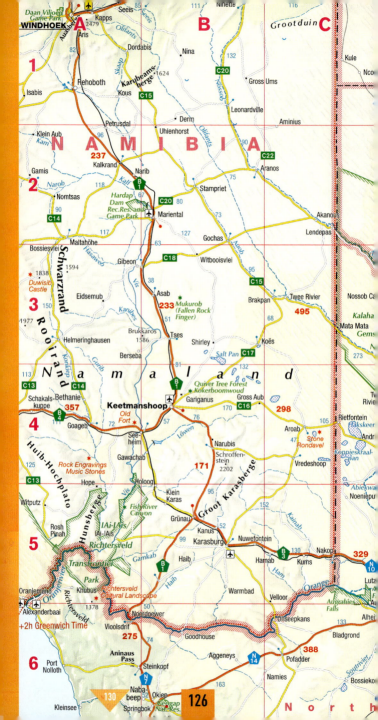

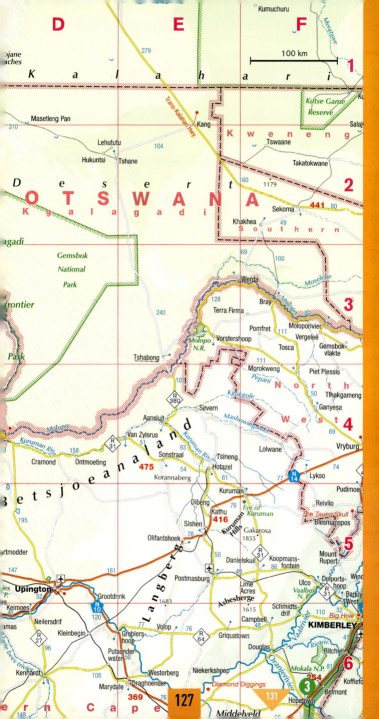

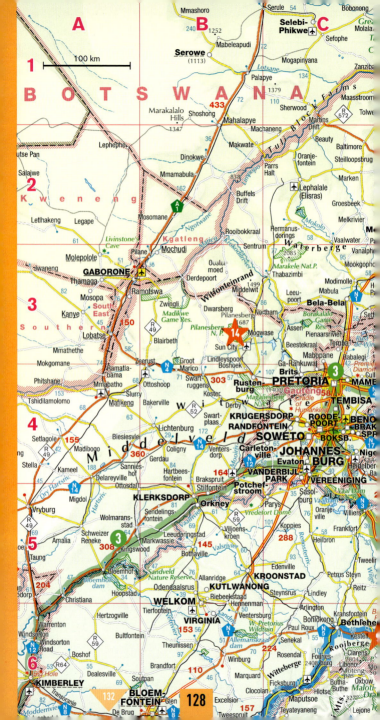

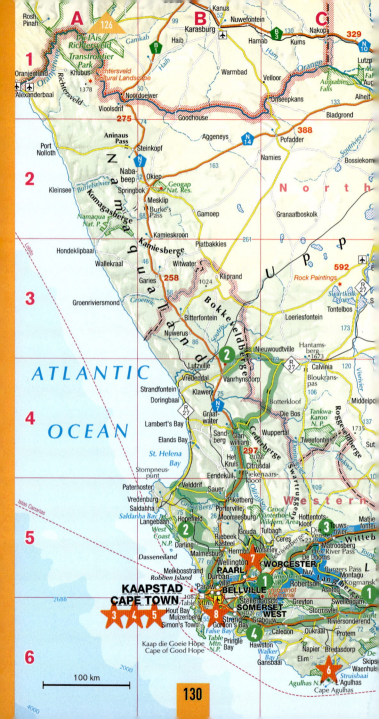

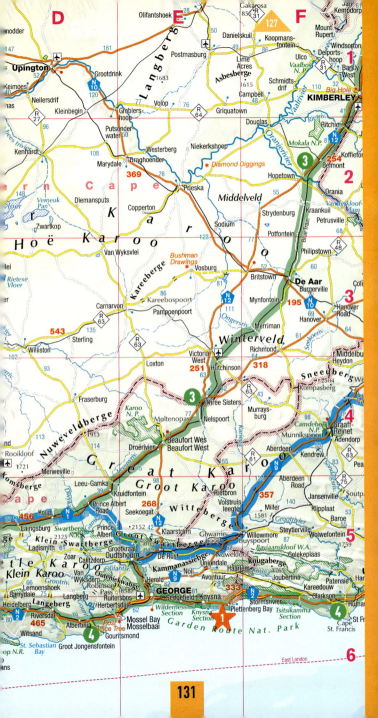

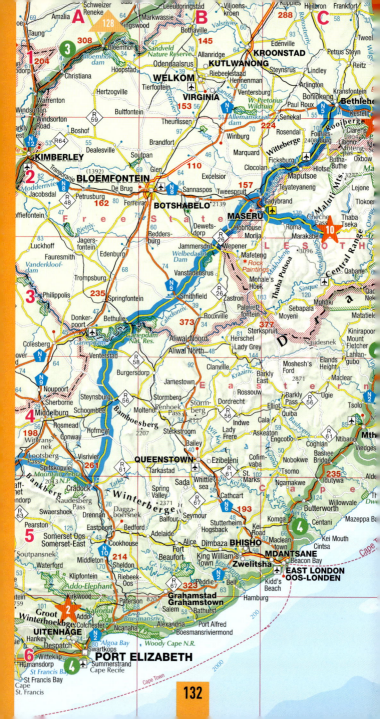

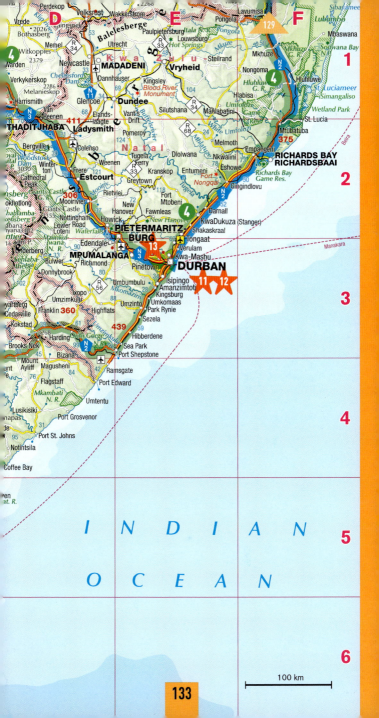

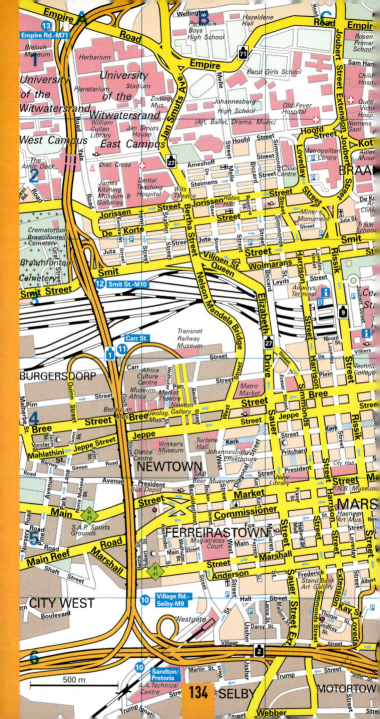

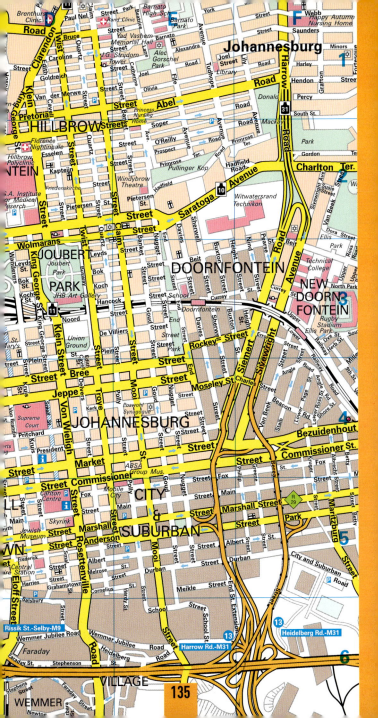

FÜR DIE NÄCHSTE REISE ...

ALLE **MARCO POLO** REISEFÜHRER

DEUTSCHLAND

Allgäu
Bayerischer Wald
Berlin
Bodensee
Chiemgau/
 Berchtesgadener
 Land
Dresden/
 Sächsische
 Schweiz
Düsseldorf
Eifel
Erzgebirge/
 Vogtland
Föhr/Amrum
Franken
Frankfurt
Hamburg
Harz
Heidelberg
Köln
Lausitz/
 Spreewald/
 Zittauer Gebirge
Leipzig
Lüneburger Heide/
 Wendland
Mecklenburgische
 Seenplatte
Mosel
München
Nordseeküste
 Schleswig-
 Holstein
Oberbayern
Ostfriesische Inseln
Ostfriesland/
 Nordseeküste
 Niedersachsen/
 Helgoland
Ostseeküste
 Mecklenburg-
 Vorpommern
Ostseeküste
 Schleswig-
 Holstein
Pfalz
Potsdam
Rheingau/
 Wiesbaden
Rügen/Hiddensee/
 Stralsund
Ruhrgebiet
Sauerland
Schwarzwald
Stuttgart
Sylt
Thüringen
Usedom
Weimar

ÖSTERREICH SCHWEIZ

Berner Oberland/
 Bern
Kärnten
Österreich
Salzburger Land
Schweiz
Steiermark
Tessin
Tirol
Wien
Zürich

FRANKREICH

Bretagne
Burgund
Côte d'Azur/
 Monaco
Elsass
Frankreich
Französische
 Atlantikküste
Korsika
Languedoc-
 Roussillon
Loire-Tal
Nizza/Antibes/
 Cannes/Monaco
Normandie
Paris
Provence

ITALIEN MALTA

Apulien
Dolomiten
Elba/Toskanischer
 Archipel
Emilia-Romagna
Florenz
Gardasee
Golf von Neapel
Ischia
Italien
Italienische Adria
Italien Nord
Italien Süd
Kalabrien
Ligurien/Cinque
 Terre
Mailand/
 Lombardei
Malta/Gozo
Oberital. Seen
Piemont/Turin
Rom
Sardinien
Sizilien/Liparische
 Inseln
Südtirol
Toskana
Umbrien
Venedig
Venetien/Friaul

SPANIEN PORTUGAL

Algarve
Andalusien
Barcelona
Baskenland/
 Bilbao
Costa Blanca
Costa Brava
Costa del Sol/
 Granada
Fuerteventura
Gran Canaria
Ibiza/Formentera
Jakobsweg/
 Spanien
La Gomera/
 El Hierro
Lanzarote
La Palma
Lissabon
Madeira
Madrid
Mallorca
Menorca
Portugal
Spanien
Teneriffa

NORDEUROPA

Bornholm
Dänemark
Finnland
Island
Kopenhagen
Norwegen
Oslo
Schweden
Stockholm
Südschweden

WESTEUROPA BENELUX

Amsterdam
Brüssel
Cornwall und
 Südengland
Dublin
Edinburgh
England
Flandern
Irland
Kanalinseln
London
Luxemburg
Niederlande
Niederländische
 Küste
Schottland

OSTEUROPA

Baltikum
Budapest
Danzig
Krakau
Masurische Seen
Moskau
Plattensee
Polen
Polnische
 Ostseeküste/
 Danzig
Prag
Slowakei
St. Petersburg
Tallinn
Tschechien
Ukraine
Ungarn
Warschau

SÜDOSTEUROPA

Bulgarien
Bulgarische
 Schwarzmeer-
 küste
Kroatische Küste/
 Dalmatien
Kroatische Küste/
 Istrien/Kvarner
Montenegro
Rumänien
Slowenien

GRIECHENLAND TÜRKEI ZYPERN

Athen
Chalkidiki/
 Thessaloniki
Griechenland
 Festland
Griechische Inseln/
 Ägäis
Istanbul
Korfu
Kos
Kreta
Peloponnes
Rhodos
Samos
Santorin
Türkei
Türkische Südküste
Türkische Westküste
Zákinthos/Itháki/
 Kefaloniá/Léfkas
Zypern

NORDAMERIKA

Alaska
Chicago und
 die Großen Seen
Florida
Hawai´i
Kalifornien
Kanada
Kanada Ost
Kanada West
Las Vegas
Los Angeles
New York
San Francisco
USA
USA Ost
USA Südstaaten/
 New Orleans
USA Südwest
USA West
Washington D.C.

MITTEL- UND SÜDAMERIKA

Argentinien
Brasilien
Chile
Costa Rica
Dominikanische
 Republik
Jamaika
Karibik/
 Große Antillen
Karibik/
 Kleine Antillen
Kuba
Mexiko
Peru/Bolivien
Venezuela
Yucatán

AFRIKA UND VORDERER ORIENT

Ägypten
Djerba/
 Südtunesien
Dubai
Israel
Jordanien
Kapstadt/
 Wine Lands/
 Garden Route
Kapverdische
 Inseln
Kenia
Marokko
Namibia
Rotes Meer/Sinai
Südafrika
Tansania/
 Sansibar
Tunesien
Vereinigte
 Arabische
 Emirate

ASIEN

Bali/Lombok/Gilis
Bangkok
China
Hongkong/Macau
Indien
Indien/Der Süden
Japan
Kambodscha
Ko Samui/
 Ko Phangan
Krabi/Ko Phi Phi/
 Ko Lanta
Malaysia
Nepal
Peking
Philippinen
Phuket
Shanghai
Singapur
Sri Lanka
Thailand
Tokio
Vietnam

INDISCHER OZEAN UND PAZIFIK

Australien
Malediven
Mauritius
Neuseeland
Seychellen

REGISTER

In diesem Register sind alle im Reiseführer erwähnten Sehenswürdigkeiten und Ausflugsziele sowie wichtige Sachbegriffe und Personen aufgeführt. Gefettete Seitenzahlen verweisen auf den Haupteintrag.

Addo Elephant National Park 33, **47**
Agatha 92
Apartheid 14, 18, 20, 21, 22, 50, 51, 52, 66, 74, 83, 84, 92, 96
Augrabies Falls 33, **39**
Bahia Formosa 42
Ballito 77
Basotho Cultural Village 69
Bester, Willie 21
Bethlehem 66
Big Hole 38
Bloemfontein **68**, 71, 103
Blyde River Canyon 92
Boschendal 60
Botswana National Park 40
Boulders Beach 57
Bredasdorp **57**
Buren 14, 26, 66, 67, 71, 72, 78, 82, 88
Burenkrieg 82, 110
Bushmans Kloof Wilderness Reserve 97
Camdeboo National Park 37
Cango Caves 35
Chapman's Peak Drive 56
Clanwilliam 97
Clarens 70, 71
Constantia 27, 48
Cradle of Humankind Nature Reserve 86
Cradock 30, 31, **37**
Darling 96
Diaz, Bartholomëu 14, 57
Drakensberge 13, **79**, 99, 108
Duiker Island 106
Durban 13, 16, 28, **72**, 102, 106, 108
Elephant Walk 41
Ethekwini 73
Footloose Troutfarm 106
Franklin Game Reserve 103
Franschhoek 27, 48, **58**, 94, 109
Franschhoek-Pass 94
Fußballweltmeisterschaft 22, 100
Gama, Vasco da 73
Gansbaai 102
Garden Route 13, 32, 33, 40
George **33**
God's Window 92

Gold Reef City 107
Golden Gate Highlands National Park 70
Goldfields 67
Graaff-Reinet **36**
Grahamstown 47, 108
Graskop 92
Great North Road 80
Hermanus 48, **61**, 109
Hluhluwe Umfolozi Park 76
Hogsback 99
Höhlenzeichnungen 20
Hout Bay 106
Inder 19
iSimangaliso Wetland Park 76
Jeffrey's Bay 41, **47**, 99, 103
Johannesburg 14, 16, 17, 21, 30, 80, 82, **83**, 88, 106, 107
Kamikaze Canyon 17
Kap Agulhas 58
Kap der Guten Hoffnung 48, **57**
Kapstadt (Cape Town) 14, 16, 17, 21, 28, 48, **49**, 98, 103, 106, 108, 109
Kentridge, William 21
Kgalagadi Transfrontier National Park 32, **40**
Khoikhoi 18, 92
Khoisan 18, 19
Khumalo, Vusi 21
Kimberley 11, **38**, 98
Kleinbaai 62
Klerk, Frederik Willem de 14, 21
Knysna 13, 28, **40**, 109
Knysna Forrest 40
Knysna Heads 40
Kruger National Park 12, 22, **90**
Kuruman 40
Kwandwe Private Game Reserve 105
Kyalami 107
Ladybrand 30, 70
Langebaan 32, **43**, 46
Lesotho 30, 71
Limpopo 92
Lost City **87**, 107, 109
Madikwe Game Reserve 93
Maluti Mountains 70

Mandela, Nelson 14, **21**, 22, 33, 48, 52, 62, 66, 84, 85, 88, 90
Maseru 71
Matjiesfontein 98
Meerlust 61
Midland Meander 79
Monkey Town 106
Mont aux Sources 13
Mount Sheba Nature Reserve 92
Mountain Zebra National Park 30, **38**
Mpumalanga 80, 81, **92**
Namaqualand 32
Natal Maritime Museum 106
Nieuwoudtville 97
Noerdhoek 103
Northwest Province 93
Nuy 95
Oceans Safaris 105
Orange River 103
Otter Trail 41, 103
Oudtshoorn 30, **36**, 108
Paarl 27, 48, **62**
Panorama Route 92
Paternoster 44
Paul-Sauer-Brücke 43
Phezulu Safari Park 77
Pierneef, Jan Hendrik 20
Pietermaritzburg **78**, 108
Pilanesberg Game Reserve 93
Pilgrim's Rest 81, 92
Planetarium 106
Plettenberg Bay 13, **42**, 100, 105
Plettenberg, Joachim von 42
Port Elizabeth 33, **44**
Port Nolloth 46
Pretoria 15, 80, 82, **88**, 97, 109
Qwaqwa 67
Rhodes, Cecil 38
Riemland 67
Robertson Valley 95
Royal Natal National Park 13, 79
Sabie 92
San 18, 20, 39, 97
Sani Pass 71
Scratch Patch 106
Simon's Town 57

IMPRESSUM

Stellenbosch 27, 48, **64**, 109
Stellenbosch Wine Route 65
Sterkfontein Cave 87
Stern, Irma 21
Storms River 43
Sun City **87**, 109
Swasiland 76
Swellendam 96
Tafelberg 17, **53**
Theewaterskloofdam 94
Thornybush Game Reserve 92
Tshwane 14, 80, 88
Tsitsikamma National Park **43**, 103
Tswalu 40
Tzaneen 92
Umhlanga Rocks 77
Valley of a Thousand Hills 77
Valley of Desolation 37
Vanrhynsdorp 97
Vanrhynspass 32
Velddrif 97
Villiersdorp 94
Welkom 71
Wellington 63
Wellington Wine Route 63
West Coast Fossil Park 96
West Coast National Park 44
Wilderer's Distillery 63
Wilderness 99
Worcester 94
World of Birds 106
Xhosa 19, 28, 33, 45
Zulu 19, 28, 72, 73, 75, 78
Zululand 72

SCHREIBEN SIE UNS!

Egal, was Ihnen Tolles im Urlaub begegnet oder Ihnen auf der Seele brennt, lassen Sie es uns wissen! Ob Lob, Kritik oder Ihr ganz persönlicher Tipp – die MARCO POLO Redaktion freut sich auf Ihre Infos.

Wir setzen alles dran, Ihnen möglichst aktuelle Informationen mit auf die Reise zu geben. Dennoch schleichen sich manchmal Fehler ein – trotz gründlicher Recherche unserer Autoren/innen. Sie haben sicherlich Verständnis, dass der Verlag dafür keine Haftung übernehmen kann.

MARCO POLO Redaktion
MAIRDUMONT
Postfach 31 51
73751 Ostfildern
info@marcopolo.de

IMPRESSUM

Titelbild: Giraffe (Getty Images/Gallo Images: de la Harpe)

Fotos: Abseil Africa (17 o.); Norman Catherine (16 M.); Simon Deiner/SDR Photo (16 o.); W. Dieterich (12/13, 28, 29, 36, 43, 50, 60, 64, 100/101); DuMont Bildarchiv (23); DuMont Bildarchiv: Kiedrowski/Schwarz (20, 34, 89), Selbach (2 M. u., 32/33, 59, 82, 110 o.); J. Frangenberg (5); W. Gartung (28/29, 30 l., 39, 40, 68, 77, 94/95, 97); Getty Images/Gallo Images: de la Harpe (1 o.); Huber: Bäck (124/125), Damm (3 o., 66/67, 79), Huber (Klappe r., 2 u., 3 M., 48/49, 56, 72/73, 86/87), Orient (57, 63), Picture Finders (78), Ripani (52), Giovanni Simeone (10/11, 18/19, 108/109); © iStockphoto.com: Petoo (16 u.); A. Kreß-Zorn (113); Laif: Emmler (3 u., 15, 42, 45, 70, 74, 91, 96, 107, 108, 109), Huber (117); Laif/ Le Figaro Magazine: Fautre (76); mauritius images: AGE (47), Alamy (2 o., 2 M. o., 4, 6, 7, 8, 9, 24/25, 26 r., 27, 30 r., 54, 84, 93, 98/99, 102, 110 u.), Food and Drink (26 l.); World Pictures (Klappe l.); M. Mauthe (80/81); H. Mielke (38, 111); ON BROADWAY: Gerhard Enslin (17 u.); D. Schumacher (1 u.); White Star: Friedrichsmeier (104/105)

13., aktualisierte Auflage 2014
© MAIRDUMONT GmbH & Co. KG, Ostfildern
Chefredakteurin: Marion Zorn
Autorin: Dagmar Schumacher; Redaktion: Jochen Schürmann
Verlagsredaktion: Ann-Katrin Kutzner, Nikolai Michaelis; Prozessmanagement Redaktion: Verena Weinkauf
Bildredaktion: Gabriele Forst
Im Trend: wunder media, München
Kartografie Reiseatlas: © MAIRDUMONT, Ostfildern; Kartografie Faltkarte: © MAIRDUMONT, Ostfildern
Innengestaltung: milchhof: atelier, Berlin; Titel, S. 1, Titel Faltkarte: factor product münchen
Sprachführer: in Zusammenarbeit mit Ernst Klett Sprachen GmbH, Stuttgart, Redaktion PONS Wörterbücher
Das Werk einschließlich aller seiner Teile ist urheberrechtlich geschützt. Jede urheberrechtsrelevante Verwertung ist ohne Zustimmung des Verlags unzulässig und strafbar. Das gilt insbesondere für Vervielfältigungen, Übersetzungen, Nachahmungen, Mikroverfilmungen und die Einspeicherung und Verarbeitung in elektronischen Systemen.
Printed in China.

BLOSS NICHT 👆

Woran Sie denken und was Sie vermeiden sollten

AUF AUTOBAHNEN ZU SCHNELL FAHREN

Für deutsche Besucher ist es unvorstellbar, dass Autobahnen von Fußgängern und Hunden überquert werden. Doch stellen Sie sich in Südafrika darauf ein, dass das vorkommen kann, und fahren Sie entsprechend vorausschauend. Achten Sie besonders auch auf Pferde, Kühe oder Schafe, die häufig auf dem Grünstreifen an der Autobahn grasen.

BETTLERN VOM AUTO AUS ETWAS GEBEN

An vielen Ampeln in den Städten warten Bettler darauf, dass die Fahrzeuge anhalten müssen. Es kann riskant sein, das Fenster zu öffnen, um ihnen Geld zu geben. Häufig wird bei solchen Gelegenheiten rabiat zugegriffen, und Taschen sowie Schmuck gelangen blitzschnell in die bittenden Hände.

TIERE FÜTTERN

Das Füttern von Tieren ist in allen Wildparks generell verboten. Aber auch die Paviane, die oftmals in der Nähe von Straßen und Rastplätzen leben, sollten und dürfen nicht gefüttert werden. Sie haben ihre Scheu vor den Menschen völlig verloren, und wenn ein Auto hält, klettern sie durchaus aufs Dach. Wenn sich eine Tür öffnet, sitzen sie auch schon im Wagen und suchen nach Essbarem. Mit Vorliebe stehlen sie alles, was nicht niet- und nagelfest ist. Schon manche Handtasche mit allen Papieren verschwand dadurch auf Nimmerwiedersehen.

DRÄNGELN

Nach guter englischer Sitte steht man Schlange in Südafrika. Ganz gleich, wo oder worauf die Menschen warten, ob vor der Kinokasse, an der Bushaltestelle oder bei der Bank, es ist absolut unüblich, sich vorzudrängeln.

TRAMPER MITNEHMEN

Wegen des ungeregelten öffentlichen Personenverkehrs gibt es viele Leute, die als Anhalter am Straßenrand stehen. Die Einheimischen sind im Allgemeinen sehr hilfsbereit, und niemand muss lange warten, bis ein Auto hält. Aber Touristen, die mit dem Leihwagen unterwegs sind, sollten in dieser Hinsicht vorsichtig sein. Sie können nur schwer beurteilen, ob und in welcher Gegend es sicher ist, diesen oder jenen Fahrgast mitzunehmen.

AUF DEN ZEBRASTREIFEN VERTRAUEN

So diszipliniert die Südafrikaner sind, wenn es darum geht, in der Schlange zu stehen, so undiszipliniert verhalten sie sich im Straßenverkehr. Als Fußgänger sollten Sie also, besonders in Kapstadt, auf keinen Fall davon ausgehen, dass Autofahrer anhalten, nur weil Sie die Straße auf dem Zebrastreifen überqueren wollen. Als Autofahrer wiederum sollten Sie nicht darauf vertrauen, dass Fußgänger an einer roten Ampel warten. Das zumindest tun die Autofahrer.